おべんとうの時間 (4)

写真 阿部 了
文 阿部直美

おべんとうの時間 (4)

文　阿部直美
写真　阿部 了

いただきます。

粟島

ariga

AINU

おべんとうの もくじ

時間④

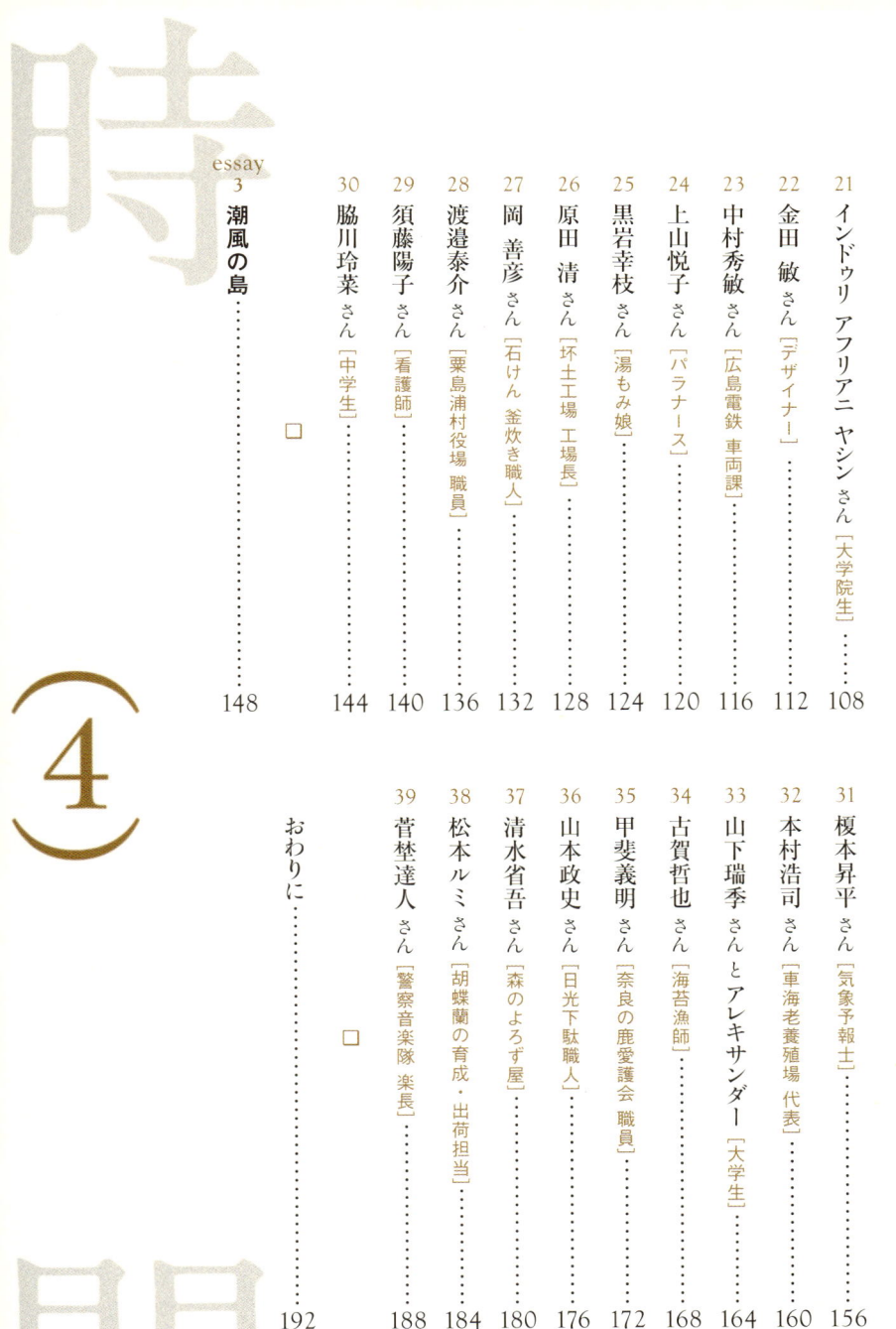

―はじめに―

阿部 了

アシスタントをしていた時代、たまに師匠の立木さんが留守で、撮影がない時は弁当を持参していた。

祖父が使っていた大きめのアルマイトの弁当箱。その空間に、おかずとご飯がいつも半分にセパレートされていた。いつもの味がいろいろあったが、夏の定番はしそ味噌がご飯の脇にちょこっと添えられていた。これさえあればという感じで、私の大好物であった。

ザクザクと切った大葉と味噌を、油で炒めたシンプルなものであったが、母も自分の母の味にはかなわないな、とよく言っていた。その時々でご飯のおともがちょこちょこと入っているのが、いつもの母の弁当である。

その弁当を、事務所の暗室で食べるのが私の「おべんとうの時間」だった。

酢酸の匂いに、薄暗い赤っぽい照明、プリントを水洗している音やネガ現像したフィルムを乾燥機にかけているゴーッという音が鳴

り響いていた。今何時なのか、外の様子もわからない、そんな空間でひとりで食べるのである。

「何で、そこで食べているんですか」とその当時の自分に声をかける。「え、何も考えてないですよ、弁当はただ食べるだけでしょう」いや「この空間が落ち着くんですよ」「暗室を出て明るい所だとちょっと恥ずかしいですよ」、こんな感じだ。

その後、独立した5年後の2000年から「いつもの弁当を見せていただけないですか」「いつもどおりでいいんです」と日本中〝おべんとうの人〟探しをしている。面白いもんだ。

今回は2年程前にインドのお弁当配達人を取材したものをエッセイで入れた。刺激的な旅でもあったが「いつもの場所で、いつもの弁当」がインド・ムンバイにも、たくさんあった。オクラのカレーに、豆のカレーなどなど。私も右手でカレーをおすそわけしてもらった。どれも優しい味、それぞれの家庭の味だった。これも「おべんとうの時間」の醍醐味である。

1

Takako Takashima

高島孝子さん

香川県三豊市・志々島

農家

ヨノキ（榎）はお父さんのお気に入りでなぁ、いつも木の下に並んで座って、畑見ながら海苔巻を食べたんじゃ。海苔巻は3本持って来てな、まずはひと仕事終えた10時に1本ずつ恵方巻きみたいに丸かじりじゃ。そいで2時になったらな、残りの1本を包丁で2つに切って、半分ずつ食べるんが丁度ええの。

お父さんが死んで1年間は、お父さんの写真と海苔巻を木の下に置いて畑仕事をしよったけどな、2年目になる今は、写真は持ってこんの。木の下でひとりで海苔巻かじっとるわ。

50年、お父さんと一緒に花を作りよった。山の頂上まで全部が畑でな、菊、キンセンカ、マーガレット、ストック、ようけ作ったぞえ。耕運機で耕すんはお父さん、苗を植えるんは私、支柱を打つんはお父さん、それを紐で結ぶんは私。いつもふたりで仕事しよった。花を出荷する時、輪ゴムで束ねるんはお父さんや。強く締めるもんやから、お父さんの指は歪《ゆが》んどったぞえ。島で最後の花農家って言われてな、お父さんが入院しとってでも、花作りよったわ。

でも、死んだらいかん。ひとりではできん。今は、お父さんの仏壇に立てるだけの花と自分が食べる野菜を作っとる。あとは、たまに船出して魚を捕っとるわい。友達が桃を送ってくれよったら、お返しに魚をあげるんじゃ。海に落ちたら大変じゃって息子が心配しよるから、海岸ぶちで網を引きよるけど、大声で叫んでも人間がおらんな。昔は1000人おった島に、今は19人しか住んどらんけん。

ずっと半農半漁の暮らしじゃ。お父さんと一緒に、ワタリガニやワチ（ママカリ）を捕っとった。漁はな、朝3時に起きて4時に網つけたら、7時にはお金になりよった。そやけど花は、5月に植えても11月まで待たんとお金にはならん。その両方が面白いんじゃ。

ただ子どもが学校に行っとった頃は、えらかったな（しんどかった）。うちは上ふたりが女で下が男でな、息子が小学校卒業の時、島の小・中学校が廃校になったんや。当時は高校生の姉ふたりが先に香川県の多度津で下宿しておったけえ、息子も一緒に下宿させたんやけど、親のほうが子離れできんけん、夕方になると船で多度津に通いよった。私は、海苔巻専門じゃけん、いつも海苔巻を持って行ったな。3合炊くと8本海苔巻ができるんや。5合炊いて、具に高野豆腐と椎茸、卵焼きやな。他に畑で採れる野菜、今日だったら胡瓜とインゲンやな、あればカニカマも入れて巻きよる。

下宿先で家族5人、晩に海苔巻をかじり

よったわ。次の朝も漁があるけん、子どもらがまだ寝よる3時に、お父さんと下宿を出て一旦帰ってな、朝4時半頃には志々島からほかの皆と一緒に漁に出たもんじゃ。

海苔巻は弁当代わりで、家では茶粥じゃ。島では昔から皆して茶粥を食べよる。私ら学校に通ってた頃は、昼になると山を越えて走って帰ってな、家で茶粥を食べよった。うちの子どもらも同じじゃ。給食もなくて、茶粥じゃけえ弁当にもならん。今はご飯を炊く人もおるけど、私は3べんでも食べたい茶粥党じゃ。かぼちゃや空豆を入れて、碁石茶かハブ茶でコトコト30分くらい炊きよる。

茶粥をやかんに入れて畑に持ってったこともあってな、それがまた美味しいんじゃ。そういやあ、お父さんが言いよったわ。「お前が弁当に茶粥持って来てくれるんはええけど、あっちでお喋り、こっちでお喋りして、畑に着くまでにやかんをちゃぶりん、ちゃぶりん振って来よるで、茶粥がのびてしもうたわ」って。「茶粥持ってくる時は、しゃんしゃん来いや」ってなあ。

2

Hitomi Sasaki

佐々木ひとみさん

秋田県仙北市角館町

角館人力社 俥夫《しゃふ》

　昼はいっつも、おにぎり1個。今日のは、ボタッコ（塩鮭）だ。そいだけでいいの。だって、君ちゃんちサ行けば、いろいろ出てくっから。今日だって、いぶりがっこ（燻製した大根の沢庵漬け）、ウルイとミズとキュウリの漬物、ワラビのお浸し、カブとキャベツの漬物っていろいろあったな。いぶりがっこは、君ちゃんとこの人気商品で売りもんだけども、他は全部もらいもんだって。『地酒処 君ちゃん』は、酒屋の隅っこにくつろげるスペースがあって、いつも誰かが来てがっこ食って茶っこ飲んでる。私も気づいたらもう3、4年になるべか。ままこ（ご飯）食いながら、君ちゃんとお喋りするんが楽しみだあ。

　ただ、桜の季節には行かない。バスガイドさんや添乗員さん達が、君ちゃんちの漬物楽しみにやってくっから、そこに私の入る隙はなし。でもその時季はとにかく忙しいもんだから、私も昼休みなしで働いてるな。おにぎりは、どんな時でも食べれていいのよ。夫と息子には、毎日弁当持たせてるけどね。今日だったら、ご飯の上にボタッコとタラコのせて、生姜焼きとソーセージ、キュウリの漬物入れた。主人は結婚してから毎日だし、29歳の息子は高校生の時からずっとだから、まあ、弁当作りは長いよね。

　人力車の仕事は、17年目になります。なあに、私の年齢はダメよ、企業秘密だ。前は縫製工場サ勤めてて、子供服を縫ってたの。たまたま俥夫募集を知って、1年間考えた。あの当時、女性で人力車を引いてる人を見たことがなかったから、ちょっと抵抗があって。でも、面白そうだなって気持ちが強くなって、1年後に決めました。4月1日から11月30日までの営業です。17年も同じ場所でやってると、君ちゃんをはじめ顔馴染みがいっぱいいて、「おめえとこ見れば、春きたなって思うな」なんて、この前近所のお母さんに声かけてもらって嬉しかったな。周りの人達は、「おめえよく頑張ってるなあ」って、すごく大変な仕事してるみたいに言ってけるけど、そんなことねえのさ。

　春、しだれ桜の季節はお客さんがたくさん来てくれて忙しいけど、〝今頑張らねば、いつ頑張る〟って気持ち。夏はダイエット期間だ。汗だくなもんだから、朝と夕方じゃあ顔が違うって言われるけど、お客さんは代わるからわからねえ、大丈夫だ。

　この仕事は、待ち時間も長いの。でも、それが当たり前。花見の時季忙しいのも、夏暑いのも当たり前。そういうことを、どうこうは考えねえ。体力的に年々きつくなるっていうのはあるけど、口には出さねえ。

笑顔でいます。だって、この仕事好きだもの。いろんなお客さんと過ごせるんが、何より楽しいな。

たまあに、無反応のお客さんもいますよ。武家屋敷前で人力車停めて、いろいろ説明するんだども、あれ、つまんねえかなあって心配になることもある。でもそんなお客さんでも、最後に「えがったな」なんて言ってもらえたら、ホッとする。その一言が、なによりも嬉しいな。なかには毎年来て、わざわざ私の人力車が空くのを待って乗ってくれる方もいるんです。こんなこと言ってはダメだけど、同じコースだば、説明する言葉が同じで困ったなあって思って、別のコースをすすめたりしてね。

冬の間、家の炬燵サ入ってサスペンスでも見ながら、仕事で着る服を自分で作るんです。うちの会社4人の服は、私の手作り。縫製工場サ勤めてたから、縫うのは得意だもの。この恰好サしたくって、仕事始めたっていうんもあるよな。服作りながら、早く仕事サ始まらねえかなあって、毎年春が待ち遠しいんだ。

3

Kei Yokoyama

横山 蛍さん

東京都練馬区

『アイメイト協会』
歩行指導員

「盲導犬の訓練士になりたいです」ってマイクの前で言ってから、卒業証書を受け取ったのを覚えてます。私の小学校では、卒業式に1人ずつ将来の夢を言ったんですよ。ただ、『アイメイト協会』の存在を知ったのは、短大生になってからなんです。「アイメイト」には、私が愛する目の仲間っていう意味が込められているんですけど、盲導犬を指していることがわからなかったんです。それに、この近くを通っても犬の声が聞こえなかったから、まさかここで訓練をしているとは思わなかったんです。自転車で5分の所に住んでいたのに。

入って最初の1年は、掃除、掃除の毎日でした。視覚障害のある人が壁を伝って歩く時、どこに触れるのか、椅子に座る時はどこに手を置くのか。雑巾がけを通して学びなさい、と言われました。埃で手が真っ黒になっても、目で判断ができなければその手でお煎餅を食べるかもしれない。その不快さを考えなさいって。

犬が好きで憧れた職業ですけど、実際は人を相手にする仕事でした。ここでは訓練士という呼び方はせず、歩行指導員なんです。アイメイトと使用者、両方の歩行を指導するってことですね。通常は4人一緒に、4週間かけて歩行指導が行われます。建物内の個室に泊まって、合宿する感じです。普段はお弁当を持ってくる指導員も、この時期は一緒に泊まるので、〝同じ釜の飯〟状態なんですね。

朝はトーストとヨーグルトって決まって て、指導員が5人分のパンを焼きます。昼は調理担当の村上さんの料理で、これが美味しいんですよ。夕飯も「今晩は麻婆豆腐だから、あとは片栗粉を入れて温めるだけよ」とか「サラダの具は切ってあるからドレッシングと合わせてね」ってところまで調理しておいてくれるので、指導員が夜、最後の仕上げをして皆で食卓を囲むんです。

同時期に4人が歩行指導に入ることがいいんですよ。4人集まるとムードメーカーの人、聞き役に徹する人といろいろで、奇跡的に集まった4人なんだなあと毎回思いますね。そこに自分が指導員として参加するのも巡り合わせ。4週間ですから、お互い飾ってばかりはいられないんです。人間の素の部分が出ますからね。落ち込んだり、時に爆発したりしながら皆で乗り切るわけです。皆さん、エネルギーがありますよ。とにかくアイメイトと歩きたいっていう思いで、新しいことに挑戦してるわけですから、指導するこっちもつい熱くなっちゃう。歩行指導っていうだけあって、とにかく歩きます。4週間で各自が120キロの道のりを歩くので、単純計算しても指導員は4

倍ですね。１人ずつ、離れた位置で見守りながら後をついて行きます。今日みたいに歩行指導の期間じゃない時も、アイメイトの訓練で外を歩きっぱなしで、昼はゆっくり座れる貴重な時間ですね。

〝自立していなければ、人の自立を促すことはできない〟っていう協会の考えで、採用されてから一人暮らしをしてるんです。実家から通ったほうが近いんですけどね。お弁当も自分で作ります。ただ、家に寄ると母がおかずを持たせてくれるので、今日の筍の煮物やきんぴらは母の味ですね。

10年この仕事をしてきて、アイメイトの指導もずいぶんとスムーズにいくようになりました。それでも外を歩いている時、いい匂いだなあ、なんて自分の気持ちがあっちに向いた瞬間、アイメイトも同じ方向によそ見して、クンクンしてるんですよね。「犬と接する時には犬のことだけで頭をいっぱいにしなくてはいけない」。協会の創設者・塩屋賢一の言葉です。アイメイトには、こっちの気持ちがお見通し。私もまだまだ鍛錬が必要だなって思いますよ。

4

Hirotaka Monma

門間裕隆《もんまひろたか》さん

秋田県潟上市

小玉醸造

味噌・醤油製造担当

清酒「太平山」の今シーズンの仕込みが終わって、昨日は社内あげての仕込仕舞いの祝賀会がありました。どうもその席で、私が取材を受けることに決まったようです。彩りを考えると自信ありませんって断ったんですけど。僕の弁当箱が大きいドカベンで、弁当っていったら僕だと思われたみたいです。ただ、昨日は飲み会のほうに意識がいってたもので、弁当箱を会社に忘れて帰っちゃったんです。今日に限って忘れた時用の小さい弁当箱です。

朝5時に起きて、まず米を研いで炊飯器のスイッチを入れます。それくらいは、まあ自分で。弁当は、母に作ってもらいます。母はいつも、しゃもじで潰すようにしてぎゅうぎゅうにご飯を詰めてますね。だから、リュックに弁当を入れて走ってきても中身はそのままなんです。

ご飯が好きなんですよ。朝はご飯と味噌汁、納豆、牛乳を1本。牛乳は、背が伸びるようにって子どもの時からの習慣です。昼は弁当。夜は、太平山を飲みながら、ご飯と味噌汁をつまみにする感じです。飲む時、ご飯がないと嫌なんです。味噌汁は、アザミなんかの山菜の汁や、竹の子汁がいいですね。好きなのは肉かな。嫌いなのは、ミョウガです。

でも、食べ物のことで母に何か言うことはないですね。作ってくれた物を、食べてます。母の料理っていったら煮つけで、山菜も豆腐も肉も、何でも醤油で煮つける感じですね。だから、弁当はいつも茶色なんです。そういえば、おばあさんが作ってくれる〝だまこもち〟も好きでした。ご飯を潰して丸めたのがだまこもちで、子どもの頃、テレビを見ながらご飯を潰すのが僕の役目でした。野菜と鶏肉を入れた醤油味の鍋に、だまこもちを入れるんですけど、次の日の弁当にも入ってるんです。一晩たって味の沁みただまこもちを、朝、網で焼いて弁当に入れるんです。ここらへんの人は、よくやると思います。焼きおにぎりとはまた違う食感で、美味しいんです。高校生の時も、やっぱり弁当は茶色でしたね。

就職して21年になります。家から徒歩15分。近所の人から「いい会社だよー」って聞いてたし、「ヤマキウ」の味噌も醤油もずっと家で食べていたので、高校を卒業して働くならここがいいと思ってました。

今日の午前中は、味噌の仕込みでした。結構、好きなんです。筋トレと思ってやるといいんです。この辺りの筋肉を使っているなと意識すると、楽しめる。逆に、筋トレと思わないとしんどいです。ひたすらスコップで米麹を掬って、コンベヤーに載せる作業なんで。今日は2～3トンですかね。

普段は、醤油の火入れを担当することが多いです。熟成したもろみを搾ったものを、85度くらいまで温度を上げます。醗酵を止めて、香ばしい香りをつけるためです。火入れの時はいい香りがして、それだけでご飯が食べられますよ。

仕事中に考えるのは、失敗しないようにってことだけです。気を遣います。うれしいのは、スーパーでお客さんがうちの商品をカゴに入れたのを見た時ですね。

仕事の後、よく近所を走るんです。1時間くらい、何も考えずに走るとスッキリします。見るとしたら、田んぼかな。うちもあきたこまちを作ってるので。ここんちは代掻《しろか》きが上手だなあとか、稲が伸びてきたなあとか。ここ数年、9月開催の100キロチャレンジマラソンが一番の楽しみなんです。角館から鷹巣までを走るんですけど、応援の人はいっぱいいるし、ミズのこぶの漬物とかバター餅とか、土地の物が食べられるんがまたよくって。家族には悪いけど、稲刈りの時期をずらしてもらって今年もまた出場したいです。

5

Kazuki Suzuki

鈴木一樹さん

宮城県石巻市

大東丸 牡蠣《かき》漁師

子どもの頃、その辺に積んである牡蠣をとって来て、火を熾《おこ》して焼いて食べましたよ。みんな漁師の子で、「うちの牡蠣だからいいや」って。牧浜《まきのはま》では、遊びがそれくらいしかなかったんです。磯で潜ったり、岸壁からロープを付けたカゴを投げて中に入った魚を獲ったり。牡蠣小屋のすぐ裏がうちで、目の前が海でした。今は1軒も残っていませんけど、この辺り10軒はあったと思う。津波で、全部流されました。

牡蠣の養殖筏《いかだ》もダメでした。俺、バツイチで子ども3人と暮らしているんで、この先どうしようって思いましたけど、奇跡的に牡蠣の種が牧浜には残っていたんです。ホタテの貝に稚貝を付着させた棚だけは、無事だったんです。牧浜の漁師15軒のうち7軒が続けることになって、震災から2、3か月後には共同で養殖を再開しました。流れ着いたロープで牡蠣の筏を造って、皆で順番に船を出して管理して、殻付きのまま牡蠣を出荷しました。ようやく3年前にこの共同処理場ができて、震災前のように牡蠣を剥《む》いた状態で各自が出荷できるようになったんです。

牡蠣剥きは親父もやってますけど、今船で漁場に行くのは、俺ひとりです。朝船を出す時は、午前3時には高台の仮設住宅から浜に降りてきますね。午前7時からここで剥き始めるんで、その前に漁場から戻って準備をしなきゃいけないんです。基本は、朝水揚げするよりも、夕方4時に剥き作業が終わってから牡蠣を採りに行くパターンですね。船をいつ出すかは天気次第。冬場はしょっちゅう強風なんで、ちょっとくらいしけても行くんですけどね。水揚げして剥いて、「いつ寝てるの?」って言われますけど、3、4時間寝れば大丈夫。今シーズン始まって2か月で、7キロ痩せました。体が軽くなっていいくらいですよ。毎年冬に痩せても、春先の小女子《こうなご》漁から夏にかけて脂肪を蓄えちゃうんで。

昼メシは、母親が作ってくれるおにぎりです。陸にいる時にはカップラーメンとかスープが付きます。やっぱ、食べやすさですよね。親父が船に乗ってた時もおにぎりだったし、自分も高校を卒業してこの仕事するようになって、ずっとおにぎりです。いわゆる弁当っていうのは、高校生の時くらいだなあ。いつものり弁。漬物がちょっと入ってた。俺7人兄弟の一番上で、まだ下の弟が高校生で弁当持ちなんです。今それを見ると、卵焼きとかソーセージが入ってるから「豪華だなあ」って言うんですよ。「まあ、俺の時にも、豪勢に2段ののり弁の日があったけどね」って。

あの頃の牡蠣剥きは、朝5時から夕方5

時までの仕事で、俺ら兄弟が起きる時間には両親揃って家にいなくて働いてましたね。当時は、今みたいに水揚げした牡蠣をフォークリフトで降ろすこともできないんで、船が着くと、陸で牡蠣剥きをしている人達が誰の船でも総出で手伝ったんです。大変だったと思いますよ。俺、高校時代は野球部の練習で夜10時とか11時になることもあったんですけど、母が車で学校まで迎えに来てくれたんですよね。寝てる暇なんかなかったと思います。

俺自身、親とゆっくり過ごす時間がなかったんですけど、うちの子達もそういうもんと思って、何とかやってくれてます。みんな船に乗ってるし、牡蠣剥きもやってるんです。特に一番下の小4の娘は牡蠣剥きが好きで、船に乗るとじっと作業を見てますね。「将来の夢は漁師」って去年まで言ってたんだけど、今も変わらないんかな。牡蠣の時季は大変ですけど、やっぱりいいですよ。寒風が吹く荒波の中で船を出して作業してると、ああ漁師だなあって感じしますよね。

6

Hirofumi Nakamura

中村洋史さん

鹿児島県肝属郡肝付町

施設・設備管理

JAXA
内之浦宇宙空間観測所

今日の味つけ卵は、リクエストしたんです。ホントは卵焼きと迷ったんですけど。私の母が作る卵焼きは、しょっぱかったんですよ。だから卵焼きってそういうもんだと思っていたら、妻のは甘くて全然違う。美味しくて、衝撃的でした。

結婚して11年、うちは子どもが3人いるんですけど、妻は妊娠中も風邪をひいた時も、いつもどおりに弁当を作ってくれて、ありがたいなあって思います。うちで食べる野菜は、隣で暮らす両親が家庭菜園で作ったものなんです。それを妻が料理して、僕が作った皿に盛って食卓に出してくれます。趣味で陶芸をやってるんですよ。土・日のどっちかはろくろを回して、もう一日は、子ども達と遊ぶって感じかな。ただ、ここに来てからは忙しくなりました。

大学を卒業して就職したのは、地元の高山《こうやま》町役場です。宇宙観測所の存在はもちろん知っていましたけど、国見山をひとつ越えた内之浦町のことっていう意識でしたね。すごい音がして空を見上げると、ロケットが飛び立ってて「今日だったっけ」という感じで。それが平成17年に高山町と内之浦町が合併して肝付町になったことで、自分の町にロケットの射場がある状態になりました。建設課にいた3年前、JAXAへ出向する話がきた時は、思わず「行きたいです」って自分から手を挙げたんです。宇宙のこと、詳しくないんですよ。でも未知の世界じゃないですか。魅力を感じました。

ここでの仕事は、施設管理が主です。ロケットを運ぶのに支障がないように道路を補修したり、建物に手を加えたり。設計図を引いて、業者に発注します。国内の射場は、種子島と内之浦の2か所ですけど、内之浦の特徴は発射の時の警戒区域内に人が住んでいるってことなんです。人工衛星を積んだイプシロンロケットを発射する時には、JAXAの職員でも2・1キロメートル以内には入ってはいけないんです。でも、その圏内に民家があって、200名近くの住民が住んでいるんですね。発射の日が決まると、皆さんに、その日どこで過ごすのかを尋ねます。親戚や友達の家に行く人、JAXAが用意した待避所で過ごす人、車の送り迎えが必要な場合は用意します。2016年12月にイプシロンロケット2号機を打ち上げた時には、皆さんと一緒に待避所になった銀河アリーナで見守りました。外に出ると、山の上から飛び出す感じでロケットが見えました。

今日、ポートレートを撮った発射台から打ち上げるのは科学観測ロケットで、小型のものです。この時、私には別の仕事があって、光学カメラで機体を追いかけて記録

するんですよ。イメージでいえば、野球中継の時バックグラウンドでホームランを追いかけるテレビカメラですね。一番近い距離で発射を見られるんですけど、なにぶん一発勝負なんでカウントダウンが始まったらドキドキです。小型ロケットは、目の前を通り過ぎるのがアッという間。撮影自体は1、2分でしょうか。スタンバイ中、そこらへんを飛んでる鳥をカメラで追いかけてみたりするんですよね。前を横切る鳥の速さが、練習に丁度いいんです。種子島でH－ⅡAロケットとH－ⅡBロケット打ち上げの時にも、警備のために行きます。この3年間で、種子島で9機、内之浦で4機の打ち上げに立ち会いました。

肝付町にとって、ロケット打ち上げは一大イベントですから、長年の応援体制もできているんです。役場から出向している自分は、地域との調整役でここにいるんだと思っています。住民の協力あってこその打ち上げですから。地元の人と話す時は、やっぱり鹿児島弁。そっちのほうが、伝わるんですよね。

7

Yukie Yoshida

吉田礼江さん

福井県敦賀市

『ジャクエツ』こども環境デザイナー

入社3年で、まだわからないことだらけです。岩手県久慈市の出身で、岩手大学を卒業してそのまま福井に来ました。ブランコや滑り台などの遊具をデザインすることもあれば、公園や園庭をまるごと提案することもあります。

母が保育士なので、教えてもらうことも多いんです。「登下校の時、子ども達は保育士とハイタッチするんだよ」って聞いて、「触れる」っていうのを遊具に取り入れてみようかな、なんて思ったり。園に行ってみると、デッキの下とか狭いところに潜り込んでいる子がいるんですよね。そういえば私も狭いところが好きだったなあなんて思いながら、園庭に秘密基地的な一角が造れないか考えたりします。私は4人兄弟の末っ子で、世話してもらうことはあっても小さい子と触れ合うことはなかったんですね。今ひとつ子どもとの接し方がわからないんですけど、だから余計に子どものことを知りたいと思うのかもしれません。

時々、測量で園に行くと、わーっと子ども達が集まって来て測量どころじゃなくなっちゃうんです。あの笑顔を見ていると、もっと喜ばせたいなあって思うんです。乳児さん達の教室の前には芝生を敷いてごろごろできるスペースにしようとか、土を盛って築山《つきやま》を造って年長さん達が段ボールで滑れるようにしようとか、山を下りた場所に手押しポンプを設置して水の流れる場所を造ろうとか。園庭の設計を考えるのは楽しいです。私が幼稚園に通っていた時は、休み時間になるとブランコにダッシュして取り合いでした。そういう記憶って忘れないものですよね。

昨日、滋賀に出張した際にうちの遊具を設置してある公園に寄ったんです。子ども達が遊んでいて、嬉しかったです。滑り台の次はどこへ行くんだろう、なんて行動を観察するんですけど、よたよた歩いている2歳の子が勇敢に遊具によじ登っているんですよね。すごいなあって驚きました。

岩手に帰省する時には新幹線を使うんですけど、ぼーっと窓の外を眺めていても、公園とか幼稚園があると、つい遊具を見てしまいますよ。あれ、うちのだ！　とか、屋上に置いてるんだ、とか。何気なく行った公園でも、この隙間だと子どもが落ちるなあって気になったり。最近、少しずつわかるようになりました。今は、園舎のトイレのデザインにも関わらせていただいているので、トイレまで気になりますね。

仕事で疲れた時には、無性に料理したくなります。好きなんです。大学時代、お寿司屋さんでバイトをしていたんですけど、甘エビの頭や殻を貰って帰ると、アメリケ

ーヌソースを作りましたね。頭と殻を鍋で空炒りした後、ガツガツ叩いて潰して野菜と煮込んで……なんてやっているうちに疲れてきて、夜中の2時に私何やってるんだろうなんて思うんですけど。社会人になってからも、うちに同期が集まるとか誰か来るとなると、はりきります。赤ワインを買ってきてデミグラスソースを作って、オムハヤシにするとか。

私、ひとりで外食できなくて、チェーン店がやっと、みたいなところがあるんです。一人暮らしでも、家で美味しいものを食べたいって気持ちがあって、土日休みのうち1日は、常備菜を作る日です。玉ねぎは4、5個飴色になるまで炒めて小分けにして冷凍しておくとか、傷みそうな食材を見つけたら炒めて冷凍するとか。気づくと夜中に台所に立っていたりするんです。

この弁当箱は、福井での新しい生活が始まる時に、あちこち見て回って買いました。これで毎日を頑張ろうって思って。ぱっと見の印象を大切にして、毎日じゃないけれどお弁当を作っています。

8

Yoko Muraoka

村岡洋子さん

高知県高知市

土佐の日曜市出店者

5丁目320番。日曜市の、私のとこの住所です。義母《はは》もこの場所で切り花と季節の野菜を売ってたから、私で2代目でね。義母は社交的な人でね、あんまり自分の店におらんと、よそで立ち話しながら、その店先の商品をきれいに並べちゅうような人やった。私はその頃仕事があったものやから、日曜市も家の畑の手伝いも、ほとんどせんかったたねえ。日曜の朝、お義母さんを車に乗せて来て、テントを張って商品を並べるところまでやったら、あとは夕方また迎えに来るくらいやった。

45歳の時に義母が亡くなって、これで日曜日に早起きせんでもようなった思うたんやけどね、「せっかく場所があるのに、もったいない」って娘が言うもんやから、引き継ぐことにしたんです。義父と義母がいろんな花を育てよったから、それも引き継いで、花好きの主人がその後、ミモザやジャスミン、アケビ、レモンといろいろ植えて剪定もやってくれます。あの時、続けてよかったと思います。週一度ここに来るのが、健康の秘訣かもわからんね。

今日持ってきたんはルドベキア、オミナエシ、ワレモコウ、オレンジ色の華やかなのはジンジャーね。猫じゃらしのエノコログサやスモークグラスなんかも持ってきちゅう。「草もええねえ」言われて。飲食店の人なんかがよう買いに来てくれるんです。うちは、種類は多いけどちょびちょびの量やから。値段も1束50円とか100円。自分で買おうかな、思う値段をつけてます。青ジソやドクダミのお茶、あとは今食べきれんくらいオクラができるから、それも持ってきました。

息子と娘は、それぞれ家庭を持って県外におるので、今は夫婦二人暮らし。田畑の草取りも、田んぼの水の見回りも、二人でやります。毎週土曜日に、花を切って輪ゴムで結わえて束にして、夜のうちに軽トラックに載せるとこまでやっておくんです。そうすれば、日曜の朝はトーストとコーヒーの朝ごはん食べて、弁当作って5時には家を出られます。

日曜市でも夫婦一緒やから、「あんたら、ええねえ」って、うんと仲良しみたいに言われるけど、主人は気難しいとこあるんですよ。私がおしゃべり好きなもんやから、「いらんこと喋って」って嫌がられる。前はうちの運転手やったけど、目が悪うなって今は私が運転するようになったから、〝お付きの人〟やね。私がヘマせんか、監視する人や。「わしゃー、売りに来ちゃあせん」言うて、いつも後ろにじっと座ってます。

主人と私、ペースが違うもんやから、弁当も2個持ってくるんです。うちは売り上

げがちょっとやから、お金出して昼ごはんを買うなんてもったいない。自分とこの田んぼのお米がいっぱいあるわけやし、ひじきだの、切り干し大根だの、何かしらの常備菜は作ってあるから弁当は何でもかまわんの。テレビ見ながらでも、ちゃちゃっとフキの皮むいたり、鍋を火にかけて煮しめでも作っておけば、それでいいやんか。

　私ね、小学1年の時に終戦になったんやけど、食べ物がない時代でしょ。学校のお弁当に何を持ってったか、全然覚えてないんです。それよりも、父が仕事に行くんで玄関を出る時、母が慌てて風呂敷に弁当を包みながら、走って追っかけてたんを覚えてるんです。毎日それ。父はせっかちで、母はのんびりやった。あとね、父はお漬けものが嫌いやったんです。でも私ら子ども達、お腹すきすきでしょ。お坊さんの修行じゃないけど、父にわからんように、音を立てずにたくあんをかじりましたよ。バレたら「臭いから食うな」って言われると思ったんやねえ。なんやそんなことばっか、覚えちゅう。

9

Tamaki Ogasawara

小笠原　環さん

神奈川県鎌倉市

小学生

お弁当作るの、楽しいよ。普段は給食だけど、月に2回校外学習の日がお弁当です。クラスのみんなは親に作ってもらうけど、僕は自分でやるのが好きだから。「弁当男子」って、ちゃーちゃん（母の愛称）が言う。

今日はね、卵焼きとソーセージ、ミニトマト、ホウレン草の胡麻和え、それとおにぎり。小笠原家って言ったら、おにぎりだから。ホントは、三角のもやりたくて、むぎゅう、むぎゅうって握ったこともあるんだけど、上手くいかないから、僕のはいつもまるいの。

お弁当の日の前には、設計図を描いてる。卵焼きはここで、トマトはここってふうに。中身は自分で考える。ちゃーちゃんがそれを見て、必要な材料を用意してくれるか、一緒に買い物に行くの。今日の胡麻和えは、「キャベツだっけ？」って、最初名前が出てこなかった。前に食べて美味しかったから、「緑の野菜で甘くって黒いつぶつぶが入ったやつ」って言ったら、「ホウレン草の胡麻和えだね」って。

朝起きるのは、6時頃かなあ。グースカ寝てると、ピコソが顔に乗ってきて「起きろ、起きろ」って突っつくの。白文鳥。爪が痛いんだけど、僕の目覚まし代わり。画家のパブロ・ピカソのことを、僕が間違って「ピコソ」って言っちゃったのが始まりで、なんか気に入ってその名前にしたの。エジプトのことも「プトエジ」って言っちゃったことがあって、僕よく間違える。

朝は僕、ラジオ体操もするし、お弁当を作る時間がないから、いつも前の晩に作るの。まずは、冷蔵庫にペタッと設計図を貼って。それ見ながら「よし、次はソーセージだ」とか言って。ちゃーちゃんはそばにいて、先生みたいな感じだね。僕、卵焼きはいつも作るから一人でできるけど、今日はホウレン草の茹で方とか教えてもらった。すり鉢で、ゴリゴリッてゴマもすったよ。

たまーに失敗もするかな。最悪だったのは、ご飯の上に砂糖をザーッとかけて、塩もザーッとかけて、ハサミで丸く切った海苔をペタッてのせた時。すごい、まずかった。汗じゃないけど、ご飯が濡れて砂糖がとけて変な味になってた。あれって、上の海苔が一番悪かったのかな。卵焼きは砂糖入れると美味しくなるから、ご飯も砂糖をかけたら美味しくなると思ったんだけど。塩はだいたいの料理に入れるから、かけてみた。甘じょっぱくなるかなと思ったんだ。うわー、最悪だあって思いながら全部食べた。運動会の日の弁当も、僕、作ったよ。当然、当然。ちゃーちゃんの分だって作ったもん。

今日、僕の2年2組は鎌倉の大仏を見に

行ったんだよ。背の順で2列に並んで、「絶対バラバラにならないでねー」って先生に言われたから、みんなちゃんと歩いた。大仏の中に入ったのは初めてだったから、きょろきょろしちゃった。今日は先生怒らなかったな。人がたくさんいて、怒ると声が響いて恥ずかしいからだと思う。学校に帰ってから、お弁当になりました。

僕が自分でお弁当作るようになってから、クラスの中でも、料理に興味を持つ子が出てきたみたい。だって、図書館で料理の本を借りてるんだって。僕は、料理の本は借りない。借りるのは、飛行機とか『スター・ウォーズ』の本。

「将来の夢は何ですか」って聞かれて、絶対に答えなくちゃダメっていう時は、「パイロット」って言ってる。なりたいけど、まだわからない。だって、未来にもっといろんな仕事が見つかるかもしれない。前は宇宙飛行士って思ってたし。旅人っていうのも、いいかなと思って。いろんな世界に行ってみたいって思っちゃう。あと、たこ焼き屋かな。

10
Masahiro Nomoto

野本正博さん

北海道白老郡白老町

『アイヌ民族博物館』館長

弁当の思い出は、たくあんですよ。母が毎年大きな樽に漬けていたんです。あの臭い。僕は、黄色い悪魔だと思ってましたからね。それが高校生になって初めて弁当を持って行った日、蓋を開けたらあの黄色が目に飛び込んできた。怒りましたよ。弁当で何か言ったのは、あれ1回きりです。兄弟5人もいれば、親もわかんなかったんでしょう。正博はたくあん食べないんだねって、初めて家族が気づいてくれました。

僕は小さい頃、おやつ目当てに祖父母の家によく遊びに行ったんです。そうすると、おばあちゃんの友達が茶飲みに集まってアイヌ語でお喋りしてました。嫁さん達の悪口とかさ。言葉がわからなくても、何となくわかるもんだよね。おじいちゃんは、寡黙に網仕事。漁に出ることはもうなかったんだけど、若い頃は沖に出てました。

アイヌ式で漁をした最後の世代だよね。家にアホウドリの頭骨が祀《まつ》ってあって、漁に出る時に携帯することもあったらしいです。アホウドリって陸に向かって飛ぶんですよ。沖に出て方向がわからなくなった時、頭に頭骨載せて、船底にトンッて落としたら陸のほうを向くそうです。メカジキ漁は、小船の上からキテ（もり）で突く、〝男が試される漁〟でね、山で木を伐って削ってキテを作るところからやります。獲物も道具を選ぶんですよ。美しいキテだからこそ、それを選んでメカジキもひっかかる。アイヌにとって、美しい道具を作れることがいかに大事かってことですね。

おじいちゃんの父親はアイヌ語で「レパキ」って名で漁師の意味。母親は「フラテキ」。腐乱した臭いって意味です。悪い精霊に連れて行かれないように、アイヌは子どもが生まれると数年間はわざとそんな名前で呼ぶんですけど、成長してもフラテキさんはそのまんまだったんでしょう。僕はね、小さい頃「しろ」って呼ばれてて、うちの犬と同じだなあって思ってたんですよね。両親は、正博の「ひろ」って呼んでるつもりなんだけど、こっちの人って「ひ」が「し」になる。小学校に上がる頃、「まさ」がつくことを知りました。

僕ら浜の子が、普通と思ってたことが普通じゃないと気づいたのもその頃です。例えば肝試しをしたお墓は、墓標を立てたアイヌ式でした。お墓参りをする時、お供えの食べ物をイチャルパするんです。りんごもバナナもそのままではあの世に届かないので、切る。お菓子は包みを開けて砕く。そうすることで、食べ物の魂が出てあの世へ届くって考えですね。でも、町の子達の墓は僕らのとは違う。お供え物もイチャルパしない。自分はアイヌなんだってことを、

小学校に上がってから意識し始めました。
ただ僕自身、将来何をしたいのか特に考えていなかったですね。ＹＭＯとかシンディ・ローパーを聴いて、バイクに乗りたいなあって思ってるごく普通の若者でしたから。叔父がここで環境整備やチセ（家）造りをやっていたので僕も手伝うようになって、職員になりました。伝承のためにお年寄りから聞く話が面白くってね。アイヌの精神世界を知るほど、自分でも勉強したいと思ったんです。

今日の弁当に入ってる鮭は友達からの貰い物でね、ちょうどうちの奥さんが留守だったので娘と一緒に僕が捌いたんです。「これが、心臓だよ」とか説明しながら。娘の名前は、「遥《はる》」。アイヌ語で食べ物の意味です。遥か遠くを見てほしいって思いと、食べ物に困らないように。今年から小学生で、給食が楽しみでたまらないんですよ。学校帰りは、道草を食ってなかなか家に着かないの。この前近所の人が「遥ちゃん、イチョウの葉っぱ舐めてたよ」って教えてくれました。好奇心いっぱいなんです。

essay 1

辞書の神様

アイヌに会いに行こう、と思った。今がその時だ。会社を辞めて、時間はある。結婚したばかりの30歳手前だった。アイヌ初の国会議員、萱《かや》野《の》茂さんをテレビや新聞で見たことがあった。そして、アイヌ文化振興法が制定された。高校時代、カリフォルニア州の公立高校に1年留学した私は、あの時自分が東アジアの日本人だということを強烈に意識した。人種のるつぼで、疎外感も孤独感もたっぷり味わった。この日本で、アイヌ民族として生きるのはどんな感じなんだろう。北海道の地図を開き、二風谷を探した。萱野さんの出身地に行ってみよう、と思った。

「萱野茂二《に》風《ぶ》谷《たに》アイヌ資料館」は、萱野さん自身がアイヌを訪ねて民具などを収集し展示している資料館だった。もしかしたらと期待はしていたが、実際に本人が受付に座っていて驚いた。政界を引退して、1年たった頃だろうか。

「いつ誰が来ても、僕がここにいればお相手をするんですよ」。萱野さんは、隣の自宅に私を案内してくれた。「でも、人と約束するのは苦手です。何月何日はいらっしゃいますか？ って聞かれるのは非常に困る。だって、その人達が来るまで気になって、その日何も手につかないからね」。自ら台所に立つと、オーブントースターでキビもちを焼き、砂糖をたっぷりまぶして出してくれた。部屋を見渡すと、アイヌ語や文化の研究者でもある萱野さんの書庫には、分厚い本が並んでいる。

「原稿を書いていると、近頃特に物忘れがひどくって、すぐに辞書を引くんだ」。使い込んだ辞書が、机に置いてあった。「10分たたずに、また辞書を引く。あんまりたくさん引くもんだから、辞書の神様にプレゼントしてるんです。外国へ行った時に香水を買ってきてね、それをパラパラッと辞書の神様に振りかけてるんだ」。辞書の神様？ ページの間から、確かに甘い香りが漂う。「前にケチって安い香水を買ったんだ。時間がた

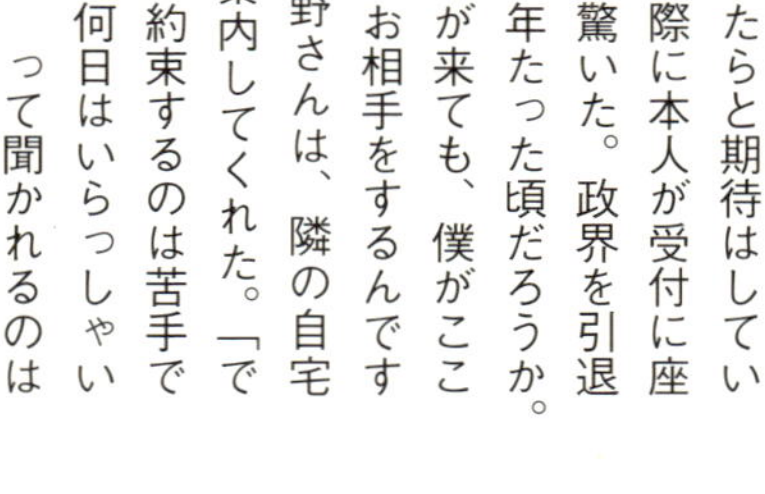

つとくさいんだよ。それに懲りて、高い香水を買うことにしたんです。妻にも香水なんて買わないのになあ」。白く長い睫毛をすぼめるようにして、萱野さんが笑った。私は胸が一杯だった。未知の世界の扉が開いたみたいに興奮していた。こんな精神世界があることを、初めて知った。

　その旅では、トイレの神様の話も聞いた。二風谷で民宿をやっているご主人だ。夜遅くトイレに入る時、休んでいる神様を驚かせてはいけないから、コホンと咳ばらいをして合図をしてからトイレに入るという。冷蔵庫だって、まずはノックをするという。

　神様が、あっちにもこっちにも。とても身近な存在だ。旅の後半は白老《しらおい》へ行くことに決め、何のつてもないのでアイヌ民族博物館を訪れた。アイヌコタンで踊りのステージを繰り返し見ていると、2日目「今日も来たの?」と踊りの女性から驚かれた。確かに周りは団体客がほとんどで、私みたいに2日続けて来る人は珍しい。「野本さんには会ったの?」と女性が聞く。「何だって知ってる人だよ。アイヌのことを知りたいなら、野本さんに会わなくちゃ」。

　博物館の学芸員だという野本正博さんを、恐る恐る訪ねた。アポなし、ライターでさえない私は差し出す名刺もなければ、わざわざ会ってもらう理由もない。突然現れた旅人に、野本さんはふかふかのソファをすすめてくれた。その日私は、根が生えたみたいにソファに座り続け、アイヌの葬式の話、口元に入れ墨を入れたおばあさんの話、病気の神様、クマ送りの儀式、とすっかりアイヌの世界に夢中になっていた。目の前の30代中頃の青年が、長老に思えた。アイヌは口承文化だ。なるほどなあ、と思った。人から聞く話ほど、心にまっすぐ響くものはない。野本さんが長老から聞いた話を、私に伝えてくれる。それは、経験したことのない特別な時間だった。

　気が合った野本さんとは、その後も付き合いが続き、会うとアイヌの話を聞かせてもらった。「おべんとうの時間」の連載を始めた時、まっ先に浮かんだのも野本さんだった。まだ手作り弁当派でなかった彼を、その後10年間密かに待ち続け、館長になった野本さんがついに弁当生活になっていたと知った時には、飛び上がって喜んだ。

　今、私にはライターという肩書ができ、取材という名目がある。でも、アイヌに会いに行こうと思ったあの頃と、自分自身は何も変わっていないと思う。知りたい、会いたい、聞きたい。あの日、図々しい私を快く受け止めてくれた人達がいて、あの旅が今につながっている。

11

Satomi Shimizu

Bonjour! Paris Lucky Cafe
Bonjour! Paris Lucky Cafe

清水里美さん

東京都大田区

はとバスガイド

新入社員を見てると、情熱とやる気で目がキラキラしてるんですよね。今、ガイドの仕事の他に、新人を研修するトレーナーもやってるんです。

今年入社したのは34人。23年前の私の時なんて同期94人ですから、それに比べたら何をやっても目が届いちゃう人数ですよね。つい私達トレーナーも過保護になって、新人が初めてひとりで乗車する日、心配で見に行っちゃうんです。私服で。例えばコースに入ってるスカイツリーへ行って、「何班の○○さんが来た」って、柱の陰からそっと見てるの。きょろきょろしてるなあと思ってたら、「お客様、こちらでーす」って逆方向に歩き出す子がいるんですよ。何げなく近寄って「逆だよー」って囁きます。手袋したまま、入場券を数えてる子もいたりしてね。モタモタしてるから、「手袋とってねー」って、通りすがりに声をかけるんです。ああいう時って、皆女優みたいなの。一瞬ハッとするんだけど、何げない顔で乗り切るから面白いですよ。

誰でも新人の頃があったので、よくわかるんですよね。私の場合は初日が皇居、明治神宮、東京タワーを回る半日コースで、皇居でバスを降りた途端、高齢の女性がうずくまっちゃったんです。バスは移動しちゃったし、携帯電話はない時代です。出発10分で、もうパニック。「はとバスさん、どうしたの？」って皇宮警察の方が声をかけてくれて、その後お客様を駅まで送ってくださったんですね。この仕事はひとりでやってるんじゃないんだ、と初日に思い知らされました。その日、お客様からの拍手が、嬉しかったですね。入社3日目で辞めなくってホントによかったって、涙が出ました。見ると、お客様も涙ぐんでるんです。ああ私、今日家に帰ったら、とばしちゃったあのページを暗記しようって、その時心に誓いました。

あの頃必死に覚えた歴史や物語に、今も助けられてるんですよ。今日私が研修してる子達は入社2年目で、都内のツアーをひととおりできるようになって、次のステップで群馬県のコースを勉強中なんです。明日から5日間、実際にバスに乗って実習します。何年たってもガイドは覚えることばっかりなんですよ。

社内で研修の日は、気が向くとお弁当を作ってくるんです。サラダとかが多いかな。というのも、ガイドの日は結構贅沢なんです。ツアーによってはお客様と同じものをいただくので、運転手さんと一緒に昼に牛鍋をつついて、夜は屋形船で揚げたて天麩羅なんてこともあるんです。自炊の時には、野菜を多めに。今日のベーグルは、チキン

とレタス、クリームチーズ入りで、最近のお気に入りです。食パンをトーストして持ってくることもあります。バターをつけずに、焦げ目のついたパンを、「小麦だなあ」って味わうのが好きですね。

ガイド同士、食べ物情報はすごいですよ。私は浅草の『ペリカン』ってお店の食パンが好きなんですけど、「どこどこの店でペリカンのパンを見た」「私はどこどこで夕方から販売するのを見た」って、パンひとつとっても各自が情報を持ってて、「今浅草だけど、パン買っておく?」ってメールも届く。食べることは、楽しみですね。

この仕事は、お客様の大切な思い出を私が台なしにしてしまう可能性もあるわけで、毎回全力でやらないといけないんですよね。いつもテンション、高いですよ。ガイド仲間と飲みに行くと、皆とにかくよく喋るんですよ。一日中仕事で喋ってるのに、まだ皆して喋りたくって、どんどん話が脱線していく。どの隙間で会話に滑り込もうか、大縄跳びに飛び込む感じで、闘いです。いつも全力ですよ。

12

Mitsuru Hamamura

濱村 充 さん

山口県萩市

萩見蘭牧場

牛飼育担当

キョロキョロする人が牛飼いには向いてるんじゃないかな、と思います。それと、目がいい人。僕、キョロキョロしてるほうだし、視力は両方とも2・0なんで、餌をやりながらアイツちょっとおかしいなって、遠くの牛まで様子がわかるんですね。それに牛は真っ黒ですけど、夕方暗くなってもちゃんと見えます。ただ人が多い所は苦手です。3歳と1歳の息子がいるので、せがまれて祭りに連れて行くんですけど、人混みにいると、あれ、この人どっかで見たことあるなあ、なんていちいち目に入って考えちゃって、ホントに疲れるんですよ。

うちにいる牛は見蘭牛《けんらんぎゅう》といって、天然記念物の見島牛《みしまうし》とホルスタインの交雑種が主です。数は少ないけど、見島牛もいます。ミルクを飲んでる子牛から、700~800キロの牛まで、今は250頭くらいかな。朝と夕方2回餌やりをする時、1頭ずつ食べ方や体調を見てますね。普段はピンと立ってる耳が、弱ってくると垂れるんです。

前に一度、情が移りすぎちゃったことがあるので、それからは個人的なかわいがり方はしないようにしてますね。実はここに入って間もない頃、耳標番号の下3桁が「777」の牛がいたんです。縁起がいいなあってことで、「ラッキー」って呼んでたら、ホントに来るんですよ。牛達の中には、時々すごく人懐っこいのがいるんですね。普通、近づくとまずは逃げるものだけど、近寄ってきてぐいぐい鼻を擦りつけるのがいるんです。中には、しびれを切らしたのか僕の腹に頭をくっつけてきて、あっと思った瞬間、体がふわっと宙に浮いたことがあって。びっくりしましたね。牛の首の力ってすごいんです。ラッキーもそんなふうに人懐っこい牛だったんですよね。

ただ、ミルクを飲ませるところから育てても、26か月でバイバイです。思った以上に辛かったんですよ。あの時は、食べるところまでせにゃあいかんって、サーロインを買ってきて、嫁とふたり、塩胡椒で味付けして焼いて食べました。かわいがってたのを食うなんて、ズレてるって言われそうですけど、そこまでしたのはラッキーだけです。週に2~3頭ずつ食肉処理場にトラックで運ぶのも僕の仕事なので、その度に、気持ちが沈んでたらしんどいし、逆に牛に失礼じゃないかなって思って。今は「よい肉になってこいよ」って、ケツをパンパンッと叩いて送り出してます。

僕は下関で生まれ育ったんですけど、毎週日曜日に祖父母の家に行くと、夕飯は決まって焼肉だったんです。男3兄弟、皆肉が好きですから、すごく楽しみでした。この仕事に就いたのも、美味しい牛を育てた

いって思ったからです。
　実はうちの嫁は、農業大学校時代の同級生なんですよ。僕は肉用牛、彼女は酪農のコースでした。学生時代から何でも話せて気が合うんですけど、今家に帰っても牛の話ができるのがいいですね。23歳で結婚してから、ずっと弁当を作ってくれてます。前に「だし巻き玉子がめちゃめちゃおいしい」って言ったらその後3日は続いたので、褒めすぎないようにとは思うけど、「おいしかった」っていつも言ってます。
　なんせ、僕は料理が全くダメなんで。一番困ったのは、嫁が次男を出産した時です。ママっ子の長男が一晩中泣いて、泣きすぎると子どもって嘔吐しちゃうでしょ。胃に優しいものを作ろうと思ったけど、何も作れないんですよ。入院中の嫁に電話で「素うどん」の作り方を教えてもらいました。料理じゃないって？　こんな僕に嫁は「いつも仕事をしっかりやってるんだから」って言ってくれるんですけどね。家のこと全然できない男なんで、ちょっと情けないんですよねえ。

13

Chie Mizukami

水上千恵《みずかみちえ》さん

富山県砺波市

スーパー「サンキュー」
ベーカリー『ポコ・ア・ポコ』

店長

毎月、店長として新作パンを2、3種類提案しなくちゃいけないんです。いつも、パンのことを考えてますよ。休みの日は、従業員と一緒に石川県まで足を延ばしてパン屋巡りをすることもあるんです。うちみたいなイートインのコーナーがあると、ついその場で買ったばかりのパンを分解しちゃうんですよね。ナスとズッキーニが入ってる。味付けは、焼き方は……ノートにメモ。明らかに、偵察ってバレてますよね。

高校1年の時、南砺市にある1号店でアルバイトを始めました。ここと同じ、スーパー「サンキュー」の中にある店舗です。レジに憧れがあったんですよ。バーコードをピピッとやりたくって。実際入ってみると、パン屋は1つずつ値段を覚えなくちゃいけなかったんですけどね。最初の頃は、お客さんのトレイの中をさりげなくチェックして、パーッと店に入って値段を頭に入れてからレジを打ってました。あれ、1個増えてる、って焦ったりして。

そのうち、パンの成形を任されるようになりました。「気持ちが落ち着いてないと、丸いパンはできんよ」って教わって、一生懸命やるんですけど、私が作るとどうも焼き上がりが四角くなるんです。でも忘れもしない豆パンを成形した時、「キレイやね」って褒められたんですよ。下手だとパンの生地が破けて豆が顔を出しちゃうんですけど、豆にふんわりと生地が被さって美味しそうに焼けたんです。よっし、これが私の天職や、って思いましたよ。本当に嬉しかったんです。

実は、高校を卒業した後、美容師の専門学校に行くつもりで道具も揃えたんですよね。でも悩んだ結果、パン屋を選びました。結婚して出産した後も、6か月後には託児所に預けて店に復帰しました。時給の半分は託児所の支払いに消えても、「久しぶりやねえ」って声をかけてくれるお客さんがいてくれて、パン生地を久々に触って、レジを打って。ひとつひとつが嬉しくって、やっぱりパン屋が好きやなあって思いましたね。なんやかんやで20年。2号店の店長になって3年です。娘ふたりは、高校生と中学生になりました。

今、上の子が弁当を持って行くので、私の分も作るんですよ。余裕があればキャラ弁。私の趣味です。夜、あとは寝るだけって時に、ひとりで海苔をチョキチョキ切ったりする時間が楽しくて。娘には不評なんですけどね。前に失敗しちゃったんですよ。ご飯でパンダを作った時、オムレツ風に薄く焼いた卵を上に被せたのがいけなかったんです。弁当箱を開けて、ぎょっとしたみたい。「あんな変なの、やめて」って怒ら

れました。パンダ2頭が、布団で一緒に寝てるように見えたらしいんです。
そういえば、上の子が幼稚園の時、ご飯を持たせるのを忘れて、お友達のを少しずつ分けてもらったことがあるんです。その時「パパの米じゃないからいらん」って娘が言ったらしいんですね。主人は喜んでました。うちは、主人とお義父さんが農家なんです。「自分で米作ってるのに、わざわざ他人の米は食べない」って、滅多に外食しない、米にはこだわりがある人です。
子ども達が小さい頃、「遊びに行くぞ」って珍しく主人が言うもんだから喜んでついて行ったら、トラクターの展示会やったってこともあります。同居してる大じいちゃんに言わせると、主人が小さかった頃、幼稚園から帰ってくると真っ先にトラクターに乗って、中で寝てたって話です。私がパン屋の仕事が好きっていうのと同じく、主人は農業が大好きなんですよね。ただ、私にも最近トラクター愛が移ったというか、乗りたいなあと密かに思うんですよ。パンの次はこれやな、って。

14

Shoji Yoshii

吉井昭二さん

愛媛県今治市菊間町

「吉井鬼瓦製造所」鬼師

寝とっても鬼（瓦）のこと考えとるんよ。一途やろ。この仕事しよると、「変人じゃ」言われるようになってしまうけん、息抜きが必要じゃ。わしは唄があって、えかったわい。鬼作りながらカセット聞いて、海に向かってさんざ唄うたな。民謡の全国大会で愛媛県代表になってな、日本武道館で唄うたこともあるんよ。

実は歌手になろう思うて、若い頃ちょっぽり東京に出たんよ。歌の学校通ってこりゃダメだ思うて、瓦の道を選んだの。親父が、瓦職人じゃ。ほやけん定時制高校に通っとった頃から、朝4時起きで手伝っておった。当時のだるま窯はな、火の加減で瓦に焼きむらができよった。わしは負けず嫌いじゃけん研究してな、穴をあけたパイプを窯の中に入れておいて、窯を冷ます時になったら穴から水が出る仕掛けを作ったんじゃ。水蒸気が、いぶし瓦の色をよくするんよ。それまでは、焚き口から柄杓で水を入れておったけんね。菊間の窯元が皆で見学に来て、「窯焚き名人じゃ」言うてくれよったわい。

兄貴が親父の後を継いで瓦をやりよったから、兄弟で同じじゃあいかん、わしは鬼瓦専門でいこう思うたんよ。鬼はオーダーメイド。屋根の勾配に合わせて、図面を描いて作りよる。立浪《たつなみ》、覆輪《ふくりん》、神社仏閣の鬼面。えべっさんにしてくれとか、鷹の首を左に振れとか、どんな要望にも応えるけんね。菊間の鬼は、いぶし銀ののりが違う。粘土を盛って削って鬼の形を作りよったら、金ベラで撫でて磨き粉をすりこんでな、何遍も繰り返し磨くけん、光沢が出るんよ。

ガス窯になってからは息子に任しておるけどな、昔は5つのだるま窯を据えとった。3ついっぺんに焚きよったけん、暑いんよ。そのまんま、目の前の海に飛び込んだもんや。潜ったら、手ぶらじゃあ帰らん。晩のおかずに、メバル、アイナメ、コチなんかを捕ってきたわい。女房は「魚を買うたことがなかった」言いよるよ。ここらの磯を全部知っとるけん、生簀みたいなもんよ。自分で作るゴム式の水中鉄砲で、ようけ捕れるんよ。腰巻きに針金つけてな、捕れた魚をじゃんじゃん刺して、20匹腰にぶら下げて帰ったこともあるのう。

ところが、いっぺん大ダコに殺されそうになったんよ。体に巻きつくわ、岩に吸いつくわで、上へあがれんようになって大格闘や。そうゆうもんは一人で食べちゃいかんゆうから、足を1本ずつ近所に配って歩いたら、皆たまげとった。足1本が、ザル1つ分あった。ここいらは「芋たこ」ゆうてな、タコとジャガイモを一緒に炊くんよ。わしの好物や。魚はな、刺身や煮つけにし

て食べるんがええ。地のもんが一番や。
野菜だってな、黒豆やらトウモロコシやら、自分とこの畑のもんや。40坪くらいの土地なんやけど、畝を造るんでも曲がりよったら気に入らん。この列は人参、ここは大根ってまっすぐ並んどってな、通る人が「ここは試験場じゃのう」言いよるわ。これも、職人気質かのう。
2年前、少し離れた所に家建ててな、隠居して民謡の指導に専念しようか、なんて思いよったけど、やっぱり仕事場に弁当持ってきて鬼作っとるわい。旅行に行っても、屋根ぎり（ばかり）見よるんよ。土地土地で違う鬼を葺いとるから、立派なんやっとるなあって、望遠カメラで写真撮るんじゃ。自分の鬼は一発でわかる。広島でも九州でも、自分の鬼をちょいちょい見るけんね。うちの娘も「父ちゃんの鬼はわかる」言うもん。県内の松前町に嫁に行っとるけど「父ちゃんの鬼がまた近所に来とるよー」言うわ。鬼は一生残ろう。鬼師は自分の型を作らなあかん。わしはな、ようやく最近それができたかな思うんや。

15

Tomoe Yamauchi

山内智絵さん

千葉県船橋市

七彩
マネキン原型仕上げ

幼稚園の頃、3つ上の兄がマネキンを見て言ったんですよ。「あれ、本当は人間なんだよ」って。「まず片手に穴開けるでしょ、そっから血を抜いて蝋を流して固めるんだ」。妙にリアルで、怖くて逃げました。子どものマネキンが特に怖かったです。え？　あの子まで？　って思って。あの時の自分に「将来マネキン作るよ」なんて言ったら、それこそ号泣でしょうね。

美術系の短大を卒業した後、特に就職する気もなくアルバイトで暮らしていたんです。ある時、たまたま情報誌を見ていたら「マネキンを作りませんか」ってあって、面白そうなので応募しました。サーマルマネキンっていう発熱するタイプのマネキンで、体に銅線を巻き付けていく仕事でした。均等になるよう、1本ずつぐるぐる巻き。それがすごく楽しくって。3か月の短期バイトだったんですけど、1体やり終えた後も「このままいなさい」ってその時の師匠が言ってくれたので、喜んで残りました。「銅線なら、誰よりも早く巻きます」なんて張り切ってやるうちに、気づいたら6年。正社員にしてもらって、京都の工場から千葉へ移って来ました。

今はマネキンの原型を磨いています。マネキン作家さんが粘土で作ったものを石膏で型取りをして、その後ポリエステル樹脂で成形するんですけど、それが量産用のマネキンの原型になるんです。最初は表面が凸凹なので、パテで凹んだところを埋めてから紙やすりでひたすら擦ります。粉まみれになる仕事で、お腹も空きますよ。

千葉の工場へ来て2年ですけど、最初の年は昼は仕出し弁当、夜は惣菜を買って済ませていたんですね。体重が増えて健康診断にも引っかかって、それで弁当を作ることにしたんです。食堂で食べると、人に見られるじゃないですか。だから何とか続いてます。今、弁当を中心に私の食生活は回ってますね。週末に何品か作り置きして、平日の夜は何か1品、例えば豚バラと大根の煮物なんかを作ったら、夜のうちに弁当を全部詰めておいて、残りを夕ご飯に食べる感じで。1年続けて、無事に健康診断もクリアしました。

マネキンは服を着せてなんぼ、いかに服を素敵に見せるかなんですけど、服に隠れた体が変な角度で曲がっていたり凹凸があると、やっぱり違和感があるんですね。体の筋肉の流れ以外の変な凹凸がないか、撫でまわしながら磨きます。人の筋肉って、ここがここにつながっていなきゃダメっていうのがあって、私もまだそこがつかみきれていなくって。

この間、バレエダンサーのセルゲイ・ポ

ルーニンが出演する映画を観たんですけど、ホントに綺麗な筋肉なんです。もっと目に焼きつけておけばよかった。体の型取りをしてみたいって思いました。昔は気にしたこともなかったんですけど、最近は人の体に目がいきますね。この前コンビニに行った時、工事現場で働いている風の若い男の子が、ピッタリしたTシャツを着ていたんです。腰回りからお尻にかけてのラインが素晴らしくって。何がどういいのか説明できないけど、ハッとする時がありますね。

今はとにかく〝磨き〟を極めたいです。いつも最初は、よし、やるぞってすごくテンションを上げて磨き始めて、うまくいってる、いいぞって時にふと、実はよくないかも……やり直す？　って不安に襲われたりして、実は内心は大騒ぎしながらやっているんです。仕上がりを先輩にチェックしてもらうと「ここがちょっと」って言われて、触ると確かに微妙に凸凹してる。次こそってこいつも思います。よし完璧だっていうのを目指したいです。でも、これをやってお給料がもらえるなんて幸せです。

16

Shizuka Onose

小野瀬 静さん

北海道標津郡標津町

釣り船「幸進丸」船長

夜中の1時には、家サ出るんだ。港で、船出す準備がいろいろあんだ。釣りのお客さんから「船の場所サ、わからねえ」って携帯に電話サ入れれば「待ってれー」って迎えに行くこともあるし、他の釣り船の船頭が来たら「今日どっちサ行く?」って会話もあんだわ。3時頃に港を出て、戻りは昼頃だな。標津の海域は、砂や小砂利の真っ平らな海で、水深が19・2メートルしかないの。俺はカレイ専門の釣り船だから、クロガシラやマコガレイが釣れそうな場所へ、その日の様子で客を連れてくんだ。

母さん（妻）はずっと、夜中俺が出てく時に起きて、コーヒーさ淹れて送り出してくれたんだ。「いってらっしゃい」の声さ。そのために起きてくれてたんだけど、年のせいで2度寝できなくなったもんだからさ、今年からは俺も起こさないようにコソッと出てくんだ。ところが、「お父さん、何回止めても目覚ましが鳴るんだわ」って、母さんから電話がきたことがあったんだ。あちゃー、俺スイッチ切らねえで家出ちゃったんだって思ったけど、電話の向こうでガンガン鳴ってるもんだからさ、「布団の中サ、突っ込んどけー」って言ったの。母さん本当に布団の中サ、目覚まし時計を突っ込んでたな。

俺、夜の6時には寝ちゃうから、睡眠はバッチリなんだ。母さんは夕飯の片付けの後に、俺の弁当サ作ってけるんだ。昔、ダンプ乗ってた時に母さんが納豆巻き作ってくれたの。あれ以来、船でも辛子をいっぱい入れた納豆巻きだ。納豆好きだし、丸かじりできるんがいいんだよな。なんせ船では雨もある、風もある、お客さんへの目配りもあって、余裕がないんだ。

土日は、おったん（孫の愛称）が「じいちゃん、何時頃港サ着くの?」って携帯に電話くれるんだ。港サ入る時、遠くからでもわかるのよ。お、いるぞって。そしたら嬉しくってさ。岸壁に船着けるとすぐに、おったんがロープかけてけるんだ。俺は、お客さんから銭こ貰わねばなんねえから、それやってる間、おったんが船を水洗いしてけるの。ホントに、めんこい孫だ。

俺さ、母さんがせっかく作ってくれたおかずを、船で食べられないことがあるの。そうすると陸に上がってから、弁当のおかずで一杯やるわけさ。おったんが、家まで車を運転してけるから、じいちゃん安心なんだよな。

俺、ダンプの後タクシーの運転手やってたんだ。釣り船の予約が入った時は、タクシー休んで船出してたの。そいでもいいって約束で運転手始めたからさ。タクシーも楽しかったよ。お客さんが「じゃがいも食

べたい」って言うと、母さんに「じゃがいも炊いてけろ」って電話して、家サ連れてったの。なかには、風呂サ入れてやったり、「うちサ泊まってけえ」なんてこともあったな。24年7か月、無事故でタクシー会社を退職した時、俺、退職金持って東京サ行ったんだ。東京で船サ買った人が標津にいて、俺も買いたいなあって思ってさ。でも試運転してみたら、北海道のシケにはもたんって思ったの。その途端、「呑んで帰ろう」って頭ん中がそっちへ飛んじゃったんだわ。退職金、全部呑んじゃった。潔く、やっちゃったんだ。でも、母さん一言も怒らなかったよ。そういう母さんなんだ。

俺、浜が好きだからさ、釣りのお客さんがなくっても浜サ来てるの。浜で育ったからな。エンジン点検したり、船サ綺麗にしてみたり。なんせ、自分の船だもの。ところがさ、最近またやっちゃったんだ。家に帰ると、友達から電話くんだわ。「静さん、また忘れたべ。船の窓開いてたから、閉めといたぞー」って。いんやあ、年のせいか恥ずかしいよなあ。

17

Kiyoko Kuwae

PIYO
PIYO

桑江喜代子さん

沖縄県沖縄市

助産師

沖縄県助産師会
母子未来センター

ここには、分娩台はないんです。あれは医療者にとっては楽な高さですけど、台の上でスポットライトを浴びて息むのは、ちょっと抵抗あるわよね。うちでは、照明を薄暗くした畳の部屋に布団を敷いて「横向きでも四つん這いでも、好きな恰好でいいのよ」って言うの。「どんなに大きな声出したって、全然構わないのよ」って。

以前病院に勤めていた頃はね、「はい頑張って、もっと力入れてー」って私も言ってたのよ。「はい、息吸って、吐いて、赤ちゃんに酸素送って、はい、気張って」って。でも今は言わないの。「ゆっくりでいいのよー」って言う。だって、自然に出てくるんだもの。そのことが、よーくわかったんです。自然の押し出す力に身を任せると、すーっと赤ちゃんが出てくるの。「待って、待って、また待って」ってね、先輩方が昔よく言ってた。そんなに待てないわよって病院時代は思ったけど、それ本当だった。

お産が2日がかりになっても、ここでは助産師は2人体制でずっと産婦さんに付き添います。お母さんが命がけで産むのを、私達も命がけで迎えるの。膝や腰が痛くなろうと、赤ちゃんの声を聞く喜びには代えられないのよね。ここは母子同室で、上のお子さんがいても和室で一緒に過ごせるから安心なのよ。

中学3年生の時にね、受験勉強しながらラジオの深夜放送を聞いていたんです。そうしたら、離島の妊婦さんが急に産気づいてヘリで本島の病院に緊急搬送されたってニュースが流れたの。島に助産師がいたらお産ができるのになあ、って思ったんです。私が子どもの頃はまだ自宅出産でね、弟が生まれる時、階段に座ってじっと待ってたの。産声が聞こえてすごく嬉しかった。ただ、時代と共に病院で産科医が取り上げるお産に切り替わって、今は沖縄で99パーセントが施設分娩なんです。病院に勤務する助産師は、「今だ」ってタイミングで医師に声をかけて、医師が分娩台で赤ん坊を取り上げる流れになりました。

ただ、私自身いろいろ見てきたからこそ、お母さん達に寄り添うお産の場があればいいのにって思ったのよね。県の助産師会の会長として動き回って、ようやく4年前、ここをオープンできたんです。ここは嘱託医と連携して助産師がお産を扱う、県で唯一の拠点。今、核家族化が進んでるでしょ。子育て相談、思春期相談、ここは地域の駆け込み寺みたいな存在であってほしいの。

私が嫁いだ先は夫の両親がいて、そのまた上の大きいじいちゃん、ばあちゃんもいてね、4世代9人で暮らしていたんです。今は3人の子ども達も巣立って主人と2人

になっちゃったけど、食事の支度も子どもの世話もいつも家族が助けてくれたから仕事を続けてこられたんです。私ね、嫁に行くなら絶対に長男がいいって思ってたくらい、賑やかなのが好きなの。料理だって、いろいろ作って皆で食べるのがいいわよね。実家もね、母が家の隣で食堂をやってて、忙しいけど活気に満ちていたんです。中身《なかみ》汁《じる》、足てびち（豚足の煮込み）、チャンプルー、母の料理は何でも美味しいの。お弁当にエビフライをリクエストすれば、「いいわよ」ってすぐに作ってくれたんです。だから私も、子ども達と夫の弁当は、楽しみながら作ってましたよ。私も料理は好きなの。今は自分の分だけだから、ちゃちゃっと簡単だけど。

結局離島へ行くことは叶わなかったけど、この場所とは運命的な縁があったのね。だって夜中にコールが入っても、5分で駆けつけられる距離なのよ。それに桑江家の墓、すぐそこなの。ご先祖様がいつも見てるんです。ってことはね、私もいずれそこへ入ってずっと見守っていくわけよね。

18

Mitsuru Ariga

有賀 満さん

山形県鶴岡市

有賀組

とび職人

有賀組は、兄貴が始めた会社です。俺は水産高校を出てすぐ、潜水の仕事に就いたんです。タンクしょって海に潜ったり、護岸工事やったり。結局2年で辞めたんですけど、「辞めます」って会社に言いに行ったその足で、兄貴のところサ行ったんですよね。「俺、仕事辞めてきた」って。ただの報告のつもりで。そしたら「じゃあ、明日から来い」って言われて、翌日から働き始めました。実は興味ねがったんですよ、とび。そもそも兄貴が何の仕事してるのかもよくわかんねくて、外仕事だなーくらいに思ってたんです。

4人兄弟で、社長は次男で俺が三男。長男も会社にいます。長男・次男はいつも一緒に遊んでて活発でしたけど、俺は上二人とは年が離れてたし、3つ違いの姉ちゃんとおままごとして遊んでた記憶があります。他にやりたいこともねがったし、気づけば17年ですね。足場を組んで、解体するまでが仕事です。最初は足が震えました。今だって高いところは怖いですよ。〝おっかない〟と〝見晴らしがよくて気持ちいい〟の真ん中あたりにいるのが大事かな。

「あれ持ってこい」って先輩から言われる物運びから始めて、今は1級とび技能士の資格を持ってる自分が親方になって足場を組んでます。足場って、親方それぞれで組み方が違うんで、その人の癖っていうか個性が出るんです。都会に行って足場が架かってたら、やっぱり見ますもんね。特に「角」の部分のやり方、細部が気になります。この人うめえなあとか、俺のやり方のほうがいいのになあとか。親方って皆、自分のやり方が一番だって思ってるんじゃないですか。そうでねえと、頭はることはできねえと思うし。

俺の場合、小さい金具は上のほうで使いたくねえから、下でも使わないんです。小さい物ほど、落としやすいので。足場って、一番下が決まればあとはその繰り返しなんですよ。橋みたいな特殊な足場は、上から吊って造ったりするんですけど、現場に行ってどう組むか考えるのが面白い。図面はあっても、そのとおりにはいきませんから。

仕事を始めて4~5年の頃、「こんな足場は使えねえ」って言われて、組み直したことがあるんです。実際に足場を使う塗装屋や外壁屋の人達の、作業のやり易さを考えなきゃいけないのに、わかっていなかった。失敗しないと気づかないんですね。何がいけなかったのか考えて、見直して……そうすると、夢の中でも仕事してるんです。いや、プレッシャーとかじゃなくて、寝てても普通に仕事してるんですよね。自分、特別趣味もないんで。

休日の楽しみっていったら、テレビをつけっぱなしにしてふっと寝ちゃう瞬間ですね。嫁と中学生の娘が買い物に行く時も、「ゆっくり行ってきて」って自分は行かねえで送り出して、ひとりで酒飲んでのんびりしてます。夏はだだちゃ豆とビールがあれば最高。知り合いの農家から電話がきて、コンテナで3つも4つもだだちゃ豆を貰うんですよ。それを周りにも配るんだけど、また3日もすると「豆持ってけー」って電話がくるんです。今日の弁当の筍とか、ミズの炒め物とか、そういう季節のものは好きですね。自分も山サ入って採ることもあります。

この髪は、おとといバリカンで刈ったばかりなんです。実は俺、信じらんないくらいの天然パーマで伸ばすとアフロ。20代のはじめアフロ状態だったんですけど、車に乗ってドア閉める時、髪の毛が挟まるんですよ、ボリュームで。暑さに耐えられなくて、坊主にしました。伸びきるまでが大変でずっと坊主なんですけど、もう一回あの髪型をやるのもいいなー。

19
Ikuko Tanikawa

谷川育子さん

大阪府大阪市

いくらサーカス代表

アーティスト

『長くつしたのピッピ』って本が大好きで、ピッピみたいに、左右違う靴下を穿いて学校に行くような子どもでした。北海道の苫小牧で育ったんですけど、小学校時代は入学式と卒業式以外はスカートを穿いたことがないくらい、いつもジャージか半ズボン。父と公園に行くと、懸垂20回とか喜んでやっちゃう。草むらで逆立ちしたり、牧場の柵を平均台みたいにして歩いたり、山でターザンしたり。とにかく、体を動かすことが好きでしたね。

母は看護師。父は30代で教師になるんですけど、私が小さい頃はおばあちゃんの酒屋を手伝ったりしてて、あんまり生活に余裕はなかったんじゃないかな。夜勤の母に代わって父がご飯を作ってくれる時には、「レトルトカレーとサバ缶、どっちがい い？」って感じでしたから。幼稚園の遠足の時、父がお弁当にご飯と卵焼きを入れてくれたのを覚えてます。中身は、それだけ。でも美味しかった。塩コショウもしないし、くるっと巻かないで醤油を垂らすんですけどね。そしたら最近、17歳違いの弟が「白老牛のなんたらかんたらを食べた」とか、「お父さんにバイキングに連れてってもらった」とか言うんですよ。私なんて、卵焼きがご馳走だったのに。

食に関しては特にこだわりがなくて、人参を丸ごと持ってきてかじる日もあるんですよ。野菜やフルーツを食べた時、太陽や土の力を感じるのが好き。今日はオレンジも持ってきたんですけど、一口食べると体の中をビタミンがキュンキュンって音を立てて走り抜ける気がして、めっちゃ幸せです。ただ、肉は苦手ですね。鶏が羽をバサバサさせる姿が頭に浮かんで、食べられなくなっちゃった。昔おじいちゃんが巨大な金魚を飼ってた時には、魚も食べられなくなったけど、今は大丈夫です。

私がサーカスの世界に入ったのは27歳。インドネシアのビンタン島にあるクラブメッドで、ヨガを教えていた時なんです。ある日ベンって男の子に、空中ブランコのパートナーになってほしいって言われて、3日後のショーに向けていきなり始まっちゃったんですよ。「僕を信じてくれたら、絶対に手を離さないから」って。当時は英語もよくわからなくて、逆さまになって右や左って言われても……。でも、めっちゃ面白かったんです。その後、飛ぶ空中ブランコにも挑戦したくなって、ヨガから転身しました。まさか自分が、象のメリーちゃんに乗って登場して、ビーチ近くに設置してある空中ブランコで演技するなんてね。仲間を信じるからこそできるサーカスに惹かれて、その後オーストラリアで3年間、サ

ーカスの大学に通って演技を学びました。
たぶん私、おじいちゃんの影響をめっちゃ受けてるんです。苫小牧で『アポロ模型店』っていうプラモデルの店をやってたおじいちゃんは、家族の反対を押し切って4年かけて本物のヨットを造った人で、おばあちゃんを連れて、日本を1周したんです。私は当時大学生で、寮生活。家に電話すると、「今日はマグロを釣って食べたんだって」って両親が教えてくれて。家の壁には日本地図が貼ってあって、船がどこに到着したか印をつけて家族で見守ってましたね。
あのおじいちゃんがいたから、私は夢だったサーカスの学校をつくったんだと思う。他の仕事の内定をもらって進路に悩んでた時、気づいたら画用紙を切り抜いて「いくらサーカス」って描いた模型を作ってたんです。おじいちゃんを思い出して、世間一般の決まった生き方をしなくてもいいんだって思えて、内定を断りました。その翌日です。元鉄工所だったこの場所に出合って、夢が具体的に動き出したんです。そうだ私、ピッピに憧れてたもんなあって思って。

20

Yuta Fukagasako

深ケ迫優太 さん

島根県浜田市

三親電材　営業

小さい頃から、電気系が好きでした。お宮で神楽を見とっても、面の仕掛けが気になるんですよ。鬼の目が光るとか、石見《いわみ》神楽《かぐら》は派手なんです。すっげえカッコいいって思って、自分でも家にある段ボールを切って鬼の面を描いて、そこに豆電球を仕込んで満足してましたね。

僕の仕事は、電気工事店に商品を卸す営業です。「新しいの出ました」言うて、取引先に顔を出す毎日。人と話すんが楽しいけえ、仕事は面白いですよ。とは言っても、昔は人見知りでよう話せんかったです。神楽やるようになって、舞台に立つうちに変わりました。

今日は、地元佐野町の神社で大元祭りがあります。夜8時から12時頃まで五穀豊穣に感謝する奉納神楽があるけえ、仕事は早めに切り上げて宮で準備です。神楽は趣味。うちの「佐野神楽社中」の音響や照明は僕がやっとります。神楽を始めたんは、小1の頃かなあ。好きなんやけど、ずっと鬼が怖かった。鬼って小さい子を襲ってきますけえね。今自分もやるからわかるんやけど、泣いとる子を見たら余計に泣かしちゃろ、思うんです。僕の2歳の娘も、神楽が大嫌いですよ。うちの場合、節分の時にも僕が鬼になるんです。衣装も面もつけて足の先まで鬼。この前の節分は、友達と義理の兄が鬼になって、僕は大蛇《おろち》で登場しました。節分なんやけど蛇。姪っ子、甥っ子、うちの子、友達、子ども4人が叫んで泣いて凄かったです。そういうことするけえ、神楽嫌いになるんは当然ですよね。

嫁も、高校時代に郷土芸能部で神楽をやっとったんですよ。4、5年前、友達の紹介で初めて会った日、笛があったんで「吹いてみい」言うて、僕は机を叩いてセッションになりました。話すうちに、嫁が同じ中学の2つ下やったこともわかって。おかげで、僕が神楽をやることにも理解があります。笛も嫁から教わりました。

石見神楽って、エンターテインメント的で進化してるんです。特にうちの社中は、今の時代の新しいことをしようって気持ちが強い。今晩最後の演目「天海」は、東日本大震災の現場を見たうちの代表が、言葉にならん思いを神楽にしたものです。地震を表す赤鬼は、顔がゴツゴツしとって割れ目はマグマのイメージで赤く光りよるんです。青い光の鬼は、津波です。鬼の面のしかけは、夜なべして作りました。配線やらスイッチをどうしようって、いろいろ考えました。鬼って大概殺されて終わるんですけど、これは死なないんです。自然災害なんで、何とか鎮まって終わります。

神楽は、裏におっても表におっても、ど

っちも楽しいんです。例えば、大太鼓、小太鼓、手拍子、笛がおる奏楽に楽譜はないんです。自分が大太鼓やる時には、よし、見しちゃろ思うて、クライマックスにかけて盛り上げていきますし、小太鼓は小太鼓でリズムが崩れると大太鼓が叩けない。いかに大太鼓を引っ張ろうかが面白い。手拍子も、チャリチャリ甲高い音がずれると、見るほうも気持ち悪うなる大事なパートです。メロディを奏でる笛は、もう自分の世界ですね。面と衣装つけて幕を割って舞台に出たら、その瞬間深ケ迫優太はもうおらん。なりきって舞います。どれをやっても、面白い。裏方で、マイクやしかけのスイッチ、小道具をやるんも好きです。神楽のあるこの土地に生まれてホントよかったです。

実はこの夏、ダイエットしよったんです。82キロにもなっとって、神楽を舞うんがしんどくて。昼もサラダだけとかにしよって、72キロになりました。秋の神楽シーズンは、さすがに食べんと体が動かんので、しっかり弁当を食べてます。嫁のメシ、うまいんです。冬になったらまた、野菜生活かな。

essay

2

ムンバイのダッバーワーラーさん

5000人の弁当配達人

インドの中で、ムンバイにだけ存在する弁当配達人ダッバーワーラー。
ダッバー（弁当）+ワーラー（配る人）は、白い帽子がトレードマークだ。
家庭から職場まで。職場から家庭まで。
約5000人のダッバーワーラーが
およそ20万個の弁当を、間違えずに配達して、家庭まで戻す。
“おべんとうハンター”のカメラマンが、ダッバーワーラーを追う旅に出た。

特別掲載！『翼の王国』インド特集より

文・写真　阿部 了

ダッバーワーラーさんの存在を知った時は驚いた。ムンバイには、「弁当配達人」なる人達がいると聞いたのだ。誰から、いつ聞いたのかは忘れてしまったけれど、以来ずっと気になってたまらなかった。家で手作りした弁当を、家庭まで受け取りに行って職場まで配達する人を、「ダッバーワーラー」と呼ぶそうだ。集めた情報では、125年前くらいから続く仕事で、約5000人もの弁当配達人達が毎日およそ20万個の弁当を時間どおりに届け、配達ミスはほとんどないとか。しかも、食べ終えた弁当を、また取りに行って家まで返すというアフターケア付きというのも、凄いと思った。

　しかし、疑問も湧いてくる。そもそも、どうして自分で弁当を持って行かないんだろう。しかも、ダッバーワーラーさんがいるのはムンバイだけ、というのはなぜなんだろう。それを知りたくて、旅に出た。

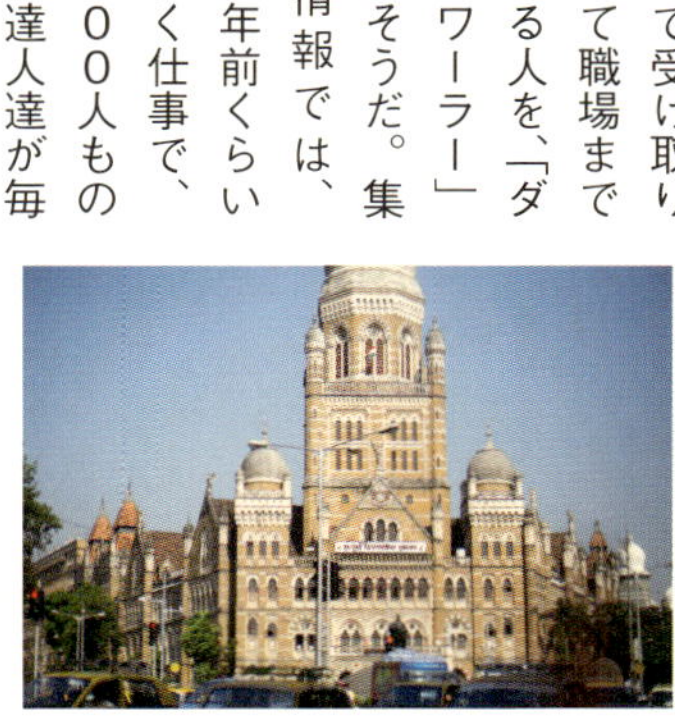

　キィ、キィ、キィ。聞いたことのない鳥の声で、目が覚めた。ムンバイに到着して最初の朝。起きると同時に腹も鳴る。ホテルの朝食は、僕の大好きなゆで卵に豆のカレーを添えて、トーストとヨーグルト、チャイ。ターバンを巻いて赤いネクタイをした紳士が、僕を見ると「おはようございます」と声をかけてくれた。チャイを飲んでいた髭の紳士、聞けばこのホテルの持ち主で、昔東京に住んでいたという。彼の笑顔で、気持ちよく一日

がスタートした。

　今回の取材にあたっては、コーディネーターの杉本さんが事前に「ダッバーワーラー組合」の組合長に話をしてくれていた。そういう組織があることも面白い。組合長は、班長のアヒルさんという人を紹介してくれたのだが、しかし、それだけである。ほかは何も決まっていない中での、取材旅のスタートだ。どうなるのか。ハラハラしながら、車のクラクションで声も聞き取れないような街に出た。

　クーラーのない年代物のタクシーに乗って、窓は全開、向かうは班長のアヒルさんとの待ち合わせ場所である「ヴィレパルレ駅」。熱気に目を細めながら、菩提樹とニームの樹が並ぶ道を進んで駅に到着。タクシーを降りたものの、途端に身動きできなくなった。タクシー、オートリクシャー、バス、バイク、そして人、人、人。香ばしい匂いのほうに何とか歩いていくと、プリー（揚げパン）を揚げる人、チャイを淹れる人、バナナを売る人、新聞を売る人、そして髪を切る人までいて、もの凄い喧騒、賑やかさだった。すでに圧倒されてしまう。

　班長のアヒルさんは、最初、無表情で何だか雲行きが怪しかった。大丈夫か。杉本さんに任せておくしかないわけだが、やりとりが終わると、アヒルさんは別人のような笑顔になっていた。よかった。交渉成立か。アヒルさんは、この道16年、班長になって5年だそうで、班の26人を束ねている。日によって弁当の数や集配する場所が変動するので、ダッバーワーラー達の振り分けなどで、日々忙しい。彼自身も、毎日奥さんが作った弁当を、仲間と一緒に食べるそ

うだ。

さて、班長アヒルさんは、ダッバーワーラーのバルさんを紹介してくれた。僕らは、弁当の集荷に向かうバルさんに同行させてもらうことになった。「おぉ、ダッバーワーラー」「おぉ、ダッバーワーラー」と、バルさんは皆から声をかけられる。チャイ売りのおじさん、犬を連れて散歩している人、バイクに乗っている友達。皆が寄ってきては、ひと言、ふた言喋って笑顔で去っていく。「おーシャンゼリゼ」ならぬ「おーダッバーワーラー」である。地域密着型の弁当配達人が、皆から慕われているのを感じた。

4、5階建てのアパートメントが立ち並ぶ静かなところでバルさんが立ち止まり、階段を駆け上がる。僕らもついて行くと、玄関の前でベルを鳴らす。女性が出てきて、弁当がバルさんに手渡された。次の家では、「今日は弁当がない日なの」と言われた。そうやって、各家を回って10個ほどの弁当を集める。いつもは20～30軒回るらしいので、今日は僕達のための取材態勢をとってくれたようだ。

普段は自転車に乗って集配するバルさんだが、今日は僕らに気を使って乗らずに押して歩いてくれた。それにしても、長身で細身の彼は一歩の歩幅が長くて、弁当を持っているとは思えないほど足が速い。僕などずっと走りっぱなしで、やっと後をついて行ったのだった。

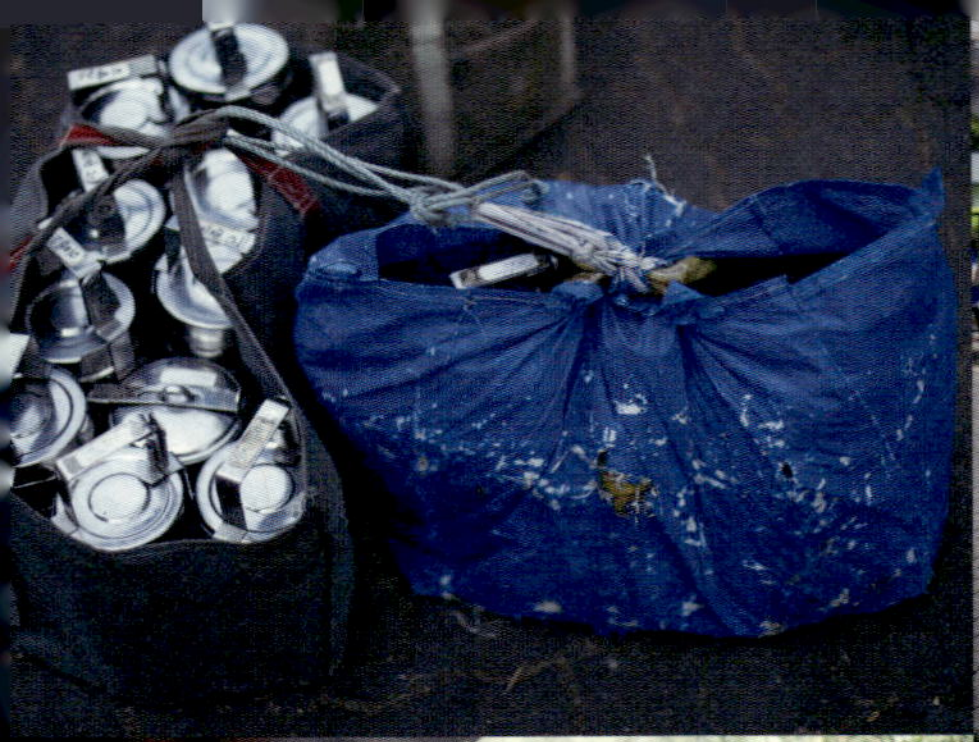

　さて、駅前の道路を挟んだ向かいの駐車スペースでは、ダッバーワーラーさん7、8人が自転車から弁当を降ろして、仕分けの作業をしていた。そこにバルさんも加わった。100個ほど集まった弁当を、どの駅まで持って行くのか、降車駅ごとに仕分け中らしい。ほとんどの弁当は、チャイやバターミルクなどの飲み物と一緒にバッグに納められていて、相当な重さになる。丸くて細長いアルミ製の入れ物もあった。中の弁当箱はステンレス製の2段~4段になっているようで、中身が漏れないように固定もでき、カレーやスープを持って行くにはもってこいらしい。

　そして、ここで気になるものを発見。アルミ製の入れ物や弁当袋に直接書かれた文字。たとえば「H 14 VP 12MHO」などとあって、まるで暗号だ。聞けばこの記号は、取りに伺うお宅、その後電車に乗せる時の最寄り駅、どこの駅で弁当を降ろすのか、そして届け先の職場の住所までを把握できるように書かれたものだという。シンプル過ぎて、この情報だけで届くのか半信半疑であったが、すごいシステムだ。若いダッバーワーラーさんに「間違えたことないの?」と聞いてみた。「間違えるわけないよ」。大きな目をぎょろっとさせて自信満々の答えであった。

　弁当を各自20~30個、肩に背負いやすいように紐で括ったダッバーワーラーさん達は、駅のホームへ向かった。ホー

ムにはすでに、10人ほどのダッバーワーラーが集まっていた。皆、同じアヒル班のメンバーで、別の場所で弁当の仕分けをしていたという。この時点で、午前11時過ぎ。それなのに、電車のこの混雑ぶりといったら何なのだ。

頻繁にやってくる電車は、どれもあふれんほどの人で、ホームに着くと、ドドーッと人の群れが押し寄せてくる。僕が知る、山手線や埼京線の比ではない。電車にドアがあるのかさえ、わからない。人が多くて、それさえ見えない。これでは、電車に乗るのさえ命がけのように思えてくる。当然、弁当を持って電車に乗るなんてことは無理である。なるほど、ムンバイでダッバーワーラーさんが必要な理由がわかる。

ダッバーワーラー達は車両の荷物用コンパートメントに次々乗り込んでいく。僕らも、そのコンパートメントに乗せてもらうことになった。「ドア際は危ないから、奥の椅子に座りなさい」と言われ、移動した。見れば、薄暗い車内には、何百個という弁当があった。それを囲むように、ダッバーワーラーさん達が座っている。時折、強い日差しが差し込んで、車内を照らし、またすぐ薄暗くなる。静かだった。まるで、映画の一場面を観ているような、不思議な時間だった。

マリーンラインズ駅に到着。ここからは、ダッバーワーラーのサントーシュさんに密着することになった。同じく、アヒル班のメンバーである。ほかの駅から乗ってきたダッバーワーラーさん達も一緒に、ここではチームを超えた共同作業に入る。駅で降ろされた弁当は、またそれぞれ

の配達先エリアごとに分けられていく。サントーシュさんは、駅前に停めておいた自転車を使って配達する。ハンドル部分と後ろの荷台にバランスよく20個ほどを括りつけ、いざ、出発だ。

人、タクシー、バス、バイク、大八車をよけながら自転車を走らせる。交差点に差し掛かると、われ先に、とばかりに人、タクシー、バイク、大八車が入り乱れる。クラクションは鳴り止まない。叫び声。排気ガス。何のための信号やら。後をついて行くのに、こっちも必死だ。大通りから一本入ると、今度は、人、人、人であった。小さな商店が並ぶ問屋街のようであった。秋葉原のような電気街を抜けると、合羽橋みたいな食器街へ。サリーを売る店の先には、スパイス、工具を売る店。道端には、バナナ屋さん、パン屋さん、とにかく何でもある。サントーシュさんはこの混雑をものともせず、人の波をすいすい進む。

商店やビルで立ち止まると、弁当をひとつ、またひとつ、手渡していった。ビルの3階に行って、直接本人に手渡しすることもあれば、ドアを開けたところに置いていくこともある。

僕らは、とにかくサントーシュさんを見失わないよう、トレードマークの白い帽子を目印に、人の波を泳ぐようについて行った。まるで、ボクサーにでもなった気分だった。体を右に左に、前に後ろに、人混みの中、カメラを構えつつ、前へ進む。汗だくだ。絶えず水を飲みながら、顔を真っ赤にしながら、前に後ろに。右左。屋台のサトウキビジュースが目に入り、がぶっと飲みたくなる。海があれば飛び

込みたい。

そろそろ終盤になり、手持ちの弁当は2個になった。「サントーシュさんのお昼はどうするんですか?」。「いつもの場所で、仲間と弁当を食べるんですよ」。サントーシュさんの「いつもの場所」が気になった。何しろ、どこへ行っても人混みだった。サントーシュさんが到着した時には、すでに4人がもう食べ始めていた。「何でここなんですか?」。思わず聞いてしまった。だって道端、歩道である。2人歩けば、すれ違うのがギリギリの道で、胡坐《あぐら》をかいて弁当を広げるのだ。

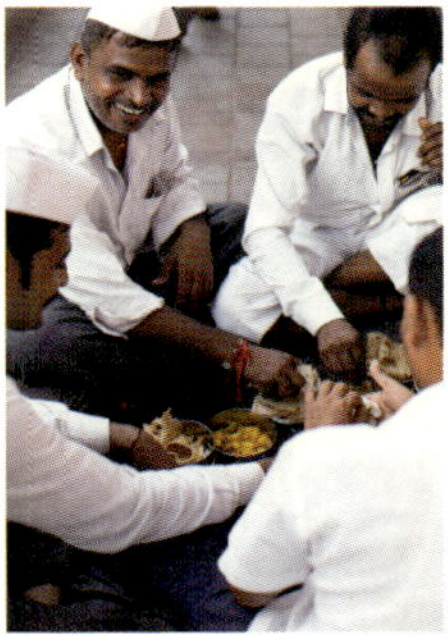

「あそこのほうが、スペースがあるじゃないですか?」。もう少し広そうな場所を指さすと、「いや、あそこはいつも車が停まってる」。「じゃあ、あそこは?」。「そこはいつも、大八車が停まってる場所だ」。結局、ここが一番、ということらしかった。

班長のアヒルさんもやってきて、お喋りしながらの楽しい弁当タイムである。「家の弁当は、安心だからね」とアヒルさん。通行人は、ダッバーワーラーさん達の横を、まったく気にすることなく通り過ぎる。写真を撮る僕に、食べろ、食べろ、とダッバーワーラーさん達が、自分の弁当を分けてくれた。チャパティの上にじゃがいものカレーをのせて、「ほら、食べろ」と言う。オクラのカレー、豆のカレーも「ほら、食べろ」。どれもが、

美味しかった。あまり辛くない、優しい味。それぞれの家庭の味がした。

この旅では、ダッバーワーラーさんに弁当を託す「家庭」の様子も見られたら嬉しいなあ、と密かに考えていた。けれど台所に入らせてもらうのは難しそうである。そうしたら、たまたまバルさんの後を追っていた日に、犬の散歩をしていたアビシェーク・パリさんと出会ったのだった。アビシェークさんは、父、兄のスニールさんと共に籐家具の店を経営している。家族は、両親と自分を含めた3兄弟、妹、そして3兄弟の奥さん達、子ども達、総勢12人。お母さんと奥さん達が、交代で弁当を作る。「見に来ていいよ」と言ってもらった時には、嬉しかった。スタッフ皆で、抱き合って喜んだ。

朝9時。台所では、アビシェークさんの2人のお兄さんの奥さん達が台所に立っていた。どうやら、アビシェークさんの奥さんは、この日の当番ではないようだ。長男の奥さんが、キッチンにペタッと座り、夕顔の実を切っていた。まな板の上でなく、指先を使って器用に切る。チャパティ用の生地も、座ったまま練る。次男の奥さんは、野菜を煮込み、チャパティを専用のフライパンで焼く。私があまりにじっと見るものだから、2人とも照れ臭そうに、見つめ合って微笑んでいた。今日の弁当は、夕顔の実を炒めたカレーとダール（豆のカレー）、チャパティ、ご飯である。これを4段の弁当箱に詰める。

「弁当箱を開けた時、今日は誰が作ったのかがわかるのも楽しみなんだ」と、まだ家にいて、私達を迎えてくれたアビシェークさんが言う。「お

弁当は、ライフライン、生命線なんだ。父と兄と毎日食べるけど、時間どおりに食べないと力が出ない。食べることは、とっても大切な時間だからね」。

「味見をして」と、出来立てのカレーを振る舞ってくれた。チャパティをちぎり、夕顔の実のカレーを包むようにして口に入れると、アビシェークさんが「こういうふうに、右手だけでチャパティをちぎって、カレーをつまんでみて」と、やって見せてくれた。

そうか、ここはインド。早速試してみるが、なかなか難しい。片手では、うまくちぎれない。「私だって箸を使うのは容易ではありませんから」。優しい言葉をかけてくれるアビシェークさん。何度かやるうち、うまくいった。そして、気づいた。指も旨い。中指、親指、人差し指、と舐める。いや、指が旨いんじゃない。指についたカレーが旨い。おにぎりを食べながら、指についたご飯粒を食べる、あの感じだ。アビシェークさんと目を合わせながら、「アッチャー・ヘ(美味しい)」と頷き合った。

旅の中で、たくさんの弁当に出会った。その時、スプーンもフォークもないことに、あらためて驚いたのだった。皆、右手で食べていた。ああ、今さらになって思う。もっと右手を使って、食べればよかった(アチャー)。

21

Indri Afriani Yasin

インドゥリ アフリアニ ヤシンさん

愛媛県松山市

愛媛大学大学院
農学研究科
大学院生

朝起きたら、朝昼晩3食のご飯をいっぺんに作ります。私とだんなさんは、昼はお弁当ね。アラナちゃんとアイちゃんは、保育園の給食。5歳と1歳、ふたりとも女の子です。給食のメニューを見て、豚肉の日だったら弁当を持たせます。イスラム教徒だから、豚はダメね。ハラールの牛と鶏はOK。外で食べる時は「何が入ってますか?」って必ず聞きます。でもね、やっぱり自分で作るほうが安心。魚が大好きだから、いつも魚を食べてます。カツオが好き。私の出身地、インドネシア・スラウェシ島のゴロンタロでも、カツオが捕れるんです。

今日は、黄色いご飯と春雨の炒め物を持ってきました。ゴロンタロの朝ごはんは、必ずこれね。毎朝これ。他の島では、黄色いご飯に鶏肉を合わせたりするけど、海が近いゴロンタロでは魚です。カツオを油で揚げた後、ぐしゃぐしゃっとほぐして、春雨と玉ねぎを入れて炒めました。味つけは、ニンニクと塩コショウ。サバやアジでもできるね。これを毎朝作るのは大変だから、ゴロンタロでは、朝ごはんを買って食べる人が多いです。私のお母さんは、そういう店をやってました。朝早く起きて、ターメリックとココナッツミルクで黄色いご飯を炊いて、ご飯にふりかけるフライ玉ねぎも作りました。放課後、私も手伝いましたよ。頭の上にカゴを載せて「ビサンゴレン」って言いながら近所を歩いて、バナナのフライを売るんです。午後のおやつにバナナフライをチリソースと一緒に食べます。バナナの甘さと辛いチリソースとコーヒー。すごく合うね。インドネシアの料理は、辛い、甘い、すっぱいでしょ。日本はわさびの辛さとだしの味。全然違うね。でも私、味噌汁とお好み焼きが大好きです。

この前までラマダン（断食月）だったでしょ。弁当は持ってきませんでした。ラマダン中は早く帰って、午後6時から2食作りました。夕飯は午後7時半。朝ごはんは午前2時。はい、起きて食べます。それでまた寝る。ちょっと大変よね。

私はゴロンタロの大学で、水産を教える先生をしてます。2年前に日本に来て、東京オリンピックの年まで愛媛大学で研究を続ける予定です。ゴロンタロは、綺麗な海があって魚がいっぱいいる。でも、魚の病気もあるね。今、三浦猛先生の指導で魚の餌の研究をしてます。三浦先生が見つけた蚕の成分「シルクロース」を餌に混ぜて車エビに食べさせます。これがね、すごいよねーってびっくりする。シルクロースを餌に入れると、よく育つ。病気にも強い。そういうデータが出てます。来週からはバナメイエビで研究を始めます。前はゴロンタ

ロにもエビの養殖場があったのに、病気が広がったせいでなくなりました。この研究が、島に帰って役に立つといいです。日本は先生と生徒の距離が近い。フレンドリーね。私も島に帰ったら、日本のやり方で生徒と接したいと思ってます。

私のだんなさんも同じスラウェシ島出身なんですよ。家族が一緒に暮らせる今は幸せ。同じ島でも私はゴロンタロ語、彼はミナハサ語で育ちました。小学校でインドネシア語、中学で英語を勉強して、日本語は日本に来てからです。家の中では、いろいろミックスね。だんなさんとはインドネシア語で喋って、子ども達とは日本語。アラナちゃんは日本語ペラペラで、夢も日本語で見てるよ。私もだんなさんも、子どもの頃「ドラえもん」や「忍者ハットリくん」を見ていたから、日本に興味がありました。日本の秋と冬が好き。自転車も好き。だって、どこでも好きなところに行けるでしょ。日本に来てから、自転車に乗る練習をしました。一度田んぼに落っこちたけど、もうだいじょーぶよ。

22

Satoshi Kaneda

金田 敏 さん

東京都港区

デザイナー《マッセルバラ》

　きっかけは、糖尿病ですよ。たまたま血液検査したら、自覚症状なんてないのに引っかかって、「一日１６００キロカロリーにしなさいね」って医者に言われちゃってさ。本を見たら、今までと同じ物を食べても25パーセント量を減らせばいけるなって思ったわけ。それで弁当。45日で5キロ痩せて数値も戻ったから、もう糖尿病じゃないんだけど、あれから4年、毎日妻に弁当を作ってもらってます。ただし月曜は弁当なし。いや、それがさ、先週の金曜日、朝弁当が出てこないから「何で？」って聞いたら「だって休み明けでしょ」ってうちのが言うわけ。僕は月曜が弁当なしって解釈してたけど、違ったみたい。

　今好き嫌いはないけどさ、子どもの頃はカレーの中に入ってるでっかい人参が嫌だったよ。でも人参だけは家で残しても怒られなかったの。ある時、おじさんに言われたんだ。「お前の親父も、じいちゃんも人参嫌いだから平気だよ」って。笑っちゃったよ。いいこと聞いたなって思って。おじさんは親父の弟で東京に住んでたんだけど、正月や盆に帰ってくると、東京の文化が入ってくる感じで嬉しかったんだよね。僕がいたのは、群馬だから。当時カステラなんて、田舎にはなかったもの。

　僕ら団塊の世代は、新しい素材とか食べ物が次々と出てくる時代に育ったの。テトロン（ポリエステル）のシャツがハイカラに見えた数年後には、「ＶＡＮ」のアイビーファッションに飛びつきましたよ。僕は勉強嫌いだったからさ、高校を出たら上京してアパレル会社に就職したんです。早く仕事覚えて独立したくってね。26歳で自分のアパレル会社を起こしました。

　この年になると、自分が着るものは好きなパターンがあってさ、毎日ジーンズで靴はスウェード。ジーンズに合うのはスウェードかなって思ってるんです。靴は30年来同じメーカーで、決まった店で買う。滞在時間3分で選ぶからね。冬だったら上はＴシャツ、セーター、ダウンの3枚。チクチクするのは嫌だから、セーターはカシミア。あったかくて楽なんだよ。タートルネックも好きだよ。マフラーはさ、どっかに忘れてくるんじゃないかって気になるんだよ。もう体力落ちてるからさ、重いのと硬いのなんて着たくないもん。

　弁当だってさ、毎日同じようなものが入ってるよ。夕方になって「何食べた？」って聞かれても、僕覚えてないと思う。弁当食べながら、頭は仕事のほうにいってるから。でも、弁当って特別なんだよ。好きなんだ。いつでも食べられる安心感がある。それにさ、孫が小さかった頃、よく多摩川

に弁当持って遊びに行ったんだけど、そういう時の弁当って美味しいよ。僕さ、小学校の時に思ったんだ。あの頃、駄菓子屋に行って小遣いで買う菓子パンって、断然高級品なわけ。それに比べておにぎりなんて、いつでも家で出てくるものだよ。それなのに、遠足に行って食べると、おにぎりがすっごく美味しい。その美味しさって何だろうって思ったよね。僕、味派じゃないんだよな。環境派だよ。美味しいって思うのはさ、心身のコンディションと環境によるわけ。グルメな人っていうのはきっと、口の中だけ独立してるんだと思うよ。

何せキャベツとレタスの区別がつくようになったの、最近だもの。この間なんて「この牛肉うまいね」って言ったら、「バカね、それマグロよ」ってうちのに言われてさ、ぐうの音も出なかったんだから。

さて、今日も小鳩くるみでいこうかな。最近スマホにしてさ、高校生になった孫に使い方教えてもらって、いろんな曲聴いてるんだよ。それで、発見したの。小鳩くるみの声ってさ、意外と弁当に合うんだよ。

23
Hidetoshi Nakamura

中村秀敏さん

広島県広島市

広島電鉄　**車両課**

「電車が好きでえ」言うて、うちの会社に入る人は結構おるんです。うちは、原爆で被災した「被爆電車」も現役で走りよるし、もともと京都や大阪を走っとった路面電車が集まってきとるけえ、電車好きにはたまらん思う。ただ僕は電車ゆうより、電車についとる電気品がやりたかったんです。スタートが、電気やから。中学生の時、技術の授業でラジオを作ったんですよ。面白いなあ思うて、そっからです。工業高校の電気科を出て、就職ゆうたらやっぱ電気整備じゃ思うて、広電の前に別の電気の会社に就職しました。

そん時、自分は営業職か技術職かどっちじゃろって考えたんです。初めての人と話すんは得意じゃない。お金の話なんて、全然ダメ。「もっと安うして」言うんは、言うたもん勝ちじゃ思うんです。でも金額を決める側におったら辛いなあ、どうやって断ったらええんじゃろって。そんなん考えたら、ああ、ダメじゃ絶対無理じゃあ思うて、技術系です。人より機械を相手にしとったほうがええなあって。

僕は江波で育って、近所にここと同じ広電の車庫があるんです。こまい（小さい）頃、電停に立って運転手さんに手え振るわけですよ。そうすると、振り返してくれるんが嬉しくってね。トラック運転しとったおっちゃんにも、手え振ったなあ。なにせ親父が車の運転するのを見たって、かっこええ思う時代がありますもんね。路面電車の運転手さんが、カチッカチッて操作するあれ、こまい頃は車内でじーっと見てました。モーターを制御する「コントローラー制御器」ゆうんです。新しい電車になると高性能になって「インバータ」ゆうもんが搭載されておるんじゃけど。電車が動くためのモーターをどがいに回すのか、速くしたり遅くしたりを制御する部分を担当するのが、僕のいる「2電」です。ねじ1本から部品全部を分解して点検する、車でいうたら車検のようなことをやります。

街の中をええように電車が走りよるのを見ると、えかったあ思いますよ。わしがあれを整備しよるんよ、ゆう気持ち。時々、日常業務とは別に故障した車両が入ってくるんです。何でこうなるんじゃろって、「何で？」を3つくらい考えると、ようやく線で繋がって答えが見つかるんです。普段使わん脳を使って、考えて考えて原因がわかった時は、よっしゃーって疲れなんて吹っ飛びます。技術の人は、皆そうじゃと思う。「電気機器の説明せえ」言われたらなんぼでも話せるんじゃけど、今日は弁当の話じゃもんね。わし何もわからんけえ、今朝、嫁さんに聞いたんです。「弁当のアピール

ポイント、教えてや」って。「実家から貰うてくる、米と無農薬野菜よ」言うてました。「米は健康を考えて五分づきに精米しとるんよ」って。知らんかったです。出されたもんを、食べるだけじゃもん。弁当は、ここに就職した12年前、息子が幼稚園で弁当じゃったけえ、僕のも作ってくれるようになりました。今息子は高校生で、朝弁当がふたっつ並んでおるけえ、小さいほうを「ありがとうございまーす」言うて、貰ってくるんです。僕は全く料理はせんけど、嫁さんが具合悪い時は、息子のために弁当を作ることがあるんですよ。前の日に冷凍食品のから揚げを買うておいて、卵焼きくらいは作ったろって朝卵を焼きます。おかずがどんなでも、むすびにしたら食べられる思うて、でかいのを3つ握るんじゃけど、これを毎日やるんは難しいなあ。いつも6時に起きるんやけど、息子の弁当のために5時半起きじゃったもんね。じゃけえ、嫁さんの弁当残すことはないです。絶対残せん。おだてるわけじゃないけど、何でも美味しいと思うとるんです。

24

Etsuko Kamiyama

上山悦子さん

茨城県東茨城郡大洗町

大洗サーフ・ライフセービング・クラブ

パラナースキャプテン

私の通っていた大学は「ライフセービング部」に入ると、夏を過ごす浜を自分で選ぶんです。各地の海水浴場を見に行きましたよ。神奈川出身ですけど、それまで湘南の海にも行ったことがなくてプール一筋でしたから。4歳で始めた水泳は、高校時代でやりきった感があったんですね。何か違うことをって考えた時に、海がいいなあ、ライフセービングかなと思って。

最初の年は、過酷でしたね。暑い、疲れる、練習がきつい。2か月近い合宿生活です。でも、クラブ代表のジーコさんの人柄もあって、ここ大洗サンビーチにいろんな人が集まって来るんですよ。大学4年間の夏をこの浜で過ごしました。その後結婚して大洗町民になったんです。ダンナと出会ったのも、ここ。今もほら、目の前の監視小屋に座ってますよ。あそこは地元漁師達です。この浜はライフセーバーと漁師が協力して見守りをしてるんですよ。いざという時はマリンジェットを出してくれます。

うちのダンナは、今朝早く素潜り漁に行ってましたね。ウニや牡蠣を採ります。シラス漁に出る日は、船が港に戻る午前中に私も漁港に行って手伝いをしてこなくちゃいけないんです。奥さん達が陸で待ってて、よその船の分も手伝いっこしてシラスの入ったカゴを下ろしたり並べたりするんです。嫁としては私が未だに一番下っ端で、上は80歳近い人もいるんですよ。子育ても仕事も、浜のおばちゃん達に教わりました。

私、どっぷり大洗町民ですよ。夏の間は、ビーチに来てから中抜けして港に行って、陸まわりの仕事してここに戻って来るってこともあります。茹でて2時間くらい干した自家製のシラスは美味しいですよ。塩を薄めにして、ご飯にたっぷりかけて食べてます。夏休み期間は、家族4人分の弁当を作るんです。小3の息子と小6の娘は、宿題もここでやってます。なにせ、両親ともにビーチですから。迷子で保護した子と遊んだり、学生のお兄ちゃんお姉ちゃんにかまってもらったり。蛍光色の派手な服を着せているので、浜辺にいても「ああ、いるいる」って目立つんですよ。

ライフセーバーは学生中心ですけど、社会人も参加しやすい場をつくりたいなあって思うんです。私がパトロールセンターにいることで、知ってる顔があれば、皆気軽に帰って来られるじゃないですか。〝その人が今できることをやればいい〟っていうのがクラブの方針で、私も出産前のお腹の大きい時にも迎え入れてもらいましたから。今日息子が砂山で一緒に遊んでいる小さな男の子は、社会人のメンバーが連れてきた子なんですよ。

パトロールセンターから潮の流れを見ていて、あそこ危ないなあって思うと、浜辺のタワーに無線で「あの人達、こっちに戻しておいて」って指示を出したりするんです。天候が急に悪化しそうな場合には、アナウンスします。事故が起こる前に、前もって行動を起こせるのがライフセービングの魅力なんです。サンビーチでは、水陸両用の車椅子を用意していて、私達が案内もしています。「楽しかったね」って無事に帰ってもらえたら、それが何より嬉しい。ライフセービングに関わったことがある人は、もう離れられないんじゃないかな。

考えてみたらうちの家族は、パラソルと弁当持ってあっち側で普通に海水浴を楽しむことってないんですよね。よその海へも行ってみたいけど、この時季にここを離れたくないんです。家にいて救急車の音がしたら、ビーチかな？　って気になるくらいで。自分が現場にいたらできたことが何かあったんじゃないかって考えちゃう。だから、シーズン中は毎日サンビーチにいます。

25

Yukie Kuroiwa

黒岩幸枝さん

群馬県吾妻郡草津町

『草津温泉　熱乃湯』

湯もみ娘

午前3回と午後3回、湯もみと踊りのショーをやります。幕間、楽屋にいるといろんなお菓子が回ってくるんですけど、私甘いものが苦手でね、鶏の唐揚げとか揚げ出し豆腐を作って持ってくるんですよ。「美味しい」って言われると、嬉しくって。食べること、作ること、食べてもらうことが大好きなの。食べ物の話って噂話や悪口と違って罪がないじゃない。「唐揚げの下味、何入れてると思う？　コーラ入れると、お肉が軟らかくなるんだよ」みたいな話って、誰とでもできるのよね。私人見知りだけど、今までそうやって人と仲良くなれたような気がする。

ここで働くようになって2年半になります。実は3年前、主人を喉頭癌で亡くしたんです。癌が見つかってから、たった10か月で亡くなってね、私はその現実を受け止められなかったんです。幼稚園からの同級生で、まだ55歳。公務員でね、顔も性格も四角四面の堅い人で、冗談言っても笑わないの。でも、人から頼まれたら嫌と言えなくって、人がいいんですよ。定年を迎えたらあれしよう、これしようって二人で話してたんです。4人の子ども達は育て上げたしね、あとは二人の人生だねって。兼業農家だったから、これからはゆっくり米や野菜を作れるねって。私はその野菜を使って、農家食堂みたいなことをやれたらいいなって考えていたんです。それまで、家族に食事を作るのが生きがいだったから。

主人が亡くなってすぐ、嬬恋《つまごい》の長い寒い冬が始まってね、ひとりで雪に閉じ込められて何もする気が起こらなかったんです。新聞を開く気力さえなかったんだけど、4月のある日、たまたま新聞を開いたら、熱乃湯リニューアルオープンって広告が入ってた。湯もみ募集ってあってね、なんとその場で電話したんですよ。ビビッときた勢いで。でもね、その後急に、無理無理、私何してるんだろうって尻込みしちゃって「インフルエンザに罹った」って言って面接を断ったんです。ところが先方も諦めずに「治りましたか」ってまた電話くれてね。後でわかったのは、凄い競争率で私が選ばれたと思ってたら、その時応募したのが私ひとりだったらしいの。

それまで、主人を亡くしてつらかった気持ちを親戚にも友達にも話せなかったんです。ところが、ここに来て初めて話せたの。皆に聞いてもらえたんです。上は70歳前後のお姉さん達から、下は20代の子育て世代までいて、皆、それぞれの人生を経験してきてるのよね。私、本当に救われた。でも55歳の新人でしょ、大変よ。特に踊り。先輩方が手取り足取り教えてくれて、ピシャ

ッと手をはたかれたりして怒られてね。やっぱり、お金をいただいてお客さんに観てもらうわけだし、先輩方には草津温泉 熱乃湯のプライドがありますからね。唄に踊りに、私も新しいことを覚えるのに無我夢中でした。家に一人でいたら暗くなっちゃうけど、車の中で泣いてもここに来たら笑ってた。お客さんとの交流も楽しくってね、この仕事が性に合ってたんですよ。

私ね、朝畑の草むしりして爪の中真っ黒にして来ちゃうもんだから「この手でやるの?」って、お姉さん達に呆れられちゃうの。虫に刺されて顔がびっくりするくらい腫れたりして、「この顔で舞台に立つわけ? 顔は命だよ」なんて言われる。主人がいなくなっても、やっぱり畑やっちゃうのね。雪が消える3月になるとね、そろそろ土を起こして肥料入れとかなきゃ、種を蒔いて芽を出しておこうか、なんて思うんだ。その後が大変ってわかってるのに、始めちゃう。ここで皆に野菜を振る舞うと喜んでもらえるのが、嬉しくってね。

26

Kiyoshi Harada

原田　清さん

兵庫県篠山市

坏土工場・工場長

丹波立杭《たちくい》陶磁器協同組合

アホやった。この弁当箱、大きすぎるわ。今までのは嫁はんが買うてきたやつで、半分のサイズでな、古いから器だけでも張り切らなあ思うて、自分で買いに行ったんがアカンかった。力仕事やないわけやし、この年でこの量はごっつ多すぎるわ。

ここで、丹波焼の土を作っとります。三田市四ツ辻の山土と、篠山市の弁天ってとこの田土を合わせるんやけど、山土だけではパサパサなもんやから、黒い田土を混ぜて粘りを持たせるんです。ショベルカーは、自分の手えみたいなもんや。サラサラ度合いを見て、うまく配合せなアカン。もう20年以上ここにおるから、土見ればだいたいわかるんやけどな、そいでも毎日勉強や。窯元にとって、失敗して作品がパアになったら大変なことやもん。あの人ら、命がけでモノ作りしとるわけや。その材料を作らしてもろうてるんやから、責任重大やけど幸せやな。安定した土を提供したい、思うわ。僕がやるんは土をショベルカーで集めることと、機械の操作や。すり潰したり水《すい》簸《ひ》したのをプレスしたり、15キロのブロック状になるとこまでここにある機械がやってくれよる。

実は僕、畳屋やねん。昨日は工場が休みなもんやから修理した畳の配達しよったんや。親父の代から創業80年。せやのに、なんで土工場におるん？　って思うわな。僕の同級生が窯元にぎょうさんおってな、「土さえきらさんでおったら、畳の仕事続けてもかまへんよ」言うて、熱心に誘ってくれたんや。おかげで、人間関係が広がってホンマに楽しいで。その日、組合員の誰がどれだけ土を取りに来よるかは、わからへん。80個欲しい言う人もおれば、3つ4つの人もおる。人それぞれの段取りがあるわけやから、それに応えて土を用意するんが僕の仕事や。

子ども時代の僕いうたら、〝ええかっこしい〟やったなあ。そいでもって、下駄箱に手紙見つけても、読まんと破り捨てるようなウブや。学校時代、新聞紙に包んで弁当持ってくやろ。梅干しや卵焼きが入っとって、白いご飯の上に昆布がぺたーっと張り付いとる弁当は当時、皆とそう変わらへんのに、隠して食べよった。自分ちの、家の中まで見られる気いしてな。

性格がオープンになったんは、高校卒業して就職で大阪に出てからや。正月休みに福知山線で帰ってくる時な、当時、森進一が着とったダッフルコート着て、もう完全に森進一になりきっとった。都会の人間になった気いしてな。ホンマは、畳屋継ぐつもりはなかったんや。せやけど20歳で病気して、戻ってきたんや。あの頃、親父は2

輪車に畳をのっけて肩引きで運んでおった。峠を越える時なんかは、近所の人らが気の毒に思うて、2輪車を押すのを手伝うてくれたの。あの姿、見とるやろ。親孝行しよう思うたんや。トラック買うて、畳運ぶ手伝いしよるうちに、「この仕事就くんやったら、よその飯を食わしてもらわんと世間は認めてくれへん」って親父が言うもんで、ほかへ修業に行ったわけや。いつの間に、そんな流れになっとったなあ。

うちは今、息子が4人おるの。ホンマは女の子欲しかってん。嫁に出す時、泣きたかったんやな。でも男ってええで。涙、出るで。年頃の時には、難しいこともあった。でもな、僕が嫁はんに「今日の米、硬かったわ」なんて弁当の文句でも言うたら、息子らはお母ちゃんの味方や。優しいわ。今日のエノキの肉巻は、料理好きの長男が作ってくれたんや。

ああ、やっぱり、食べきれん。僕な、いつも余計なことするんや。明日から、もとの弁当箱に戻すわ。

27

Yoshihiko Oka

岡 善彦さん

福岡県北九州市

『シャボン玉石けん』
釜炊き職人

今日の撮影のこと、嫁さんに言おうか迷ったんです。言わんかったら、後で怒るなあ。でも言うと、絶対にこうなると思ったんです。だって、いつもと全然違うんですよ。海苔は予想外でした。あの旗も、びっくりした。甘いうぐいす豆をハムで巻いてありましたけど、今まで見たことないですね。一緒に食べたら美味しいんかなあ思うて、食べましたけど。「いつもどおりで」って僕は言ったんですけど、「ちょっとアレンジしとかんと」って、嫁さんの場合〝かわいい系〟にしたがるんです。

釜炊きは6年目になります。天然油脂をコトコト釜で炊いて1週間かけて石鹸のもとに変えていく作業で、材料は油脂と苛性ソーダ、水と塩だけ。油脂と苛性ソーダの量は決まっているので、あとは水と塩の量を調整するだけなんですけど、これがねえ。毎日同じことやってて、何でこんなに苦戦するんかなって思いますもん。牛や植物の油やけん、人間が一人ひとり違うように違いがあるんかなあって。今日のはやけに石鹸になりやすいって日があるんですよ。

36トンくらいの石鹸が入る釜ですから、人の手で混ぜるのは無理です。蒸気の力で混ぜます。蒸気って水に変わるんですよね。しかも夏と冬では、その量も違う。新人が「できました」って釜を見せるでしょ。「よう、のびとうねえ」って一目見てわかるんです。水が入りすぎた状態を「のびる」言うんです。麺類みたいですよね。「いえ、水は入れてないんです」って言うんですけど、蒸気をかけすぎたってことなんです。しっかり炊かないと石鹸にならないけど、炊きすぎても水が入りすぎる。難しいんですよ。

釜の中の状態を見るのはスコップです。中身をすくって、滑り具合や硬さを見る。スコップに水飴みたいにへばりつくようじゃダメです。すーっと落ちないと。塩を入れると滑り具合がよくなるんですけど、ツルツル滑りすぎるのもダメ。そうしたら水で薄めるんですけど、水を入れるとのびる方向へ向かいますからね。せっかちさんは、つい水や塩を入れ過ぎちゃうんです。なじむまでに時間がかかるんで、後で「しまった」となる。そうしたらもういたちごっこ、ドツボです。

私も入った当初は、どれだけ先輩に助けてもらったか。恥ずかしいなんて言ってられなくて、聞きまくりました。自分にこの仕事は無理じゃないかと思って、眠れないくらい悩んだ時期もあります。あの時は、「大丈夫よ」って嫁さんが支えてくれました。おかげで、今は何が起こっても平気。うまくいかなかった時の引き出しがいっぱいあ

ります から。基本的には、新人でも石鹸が作れるようにマニュアルはあるし、すべての工程は数値化されているんです。でも、材料がシンプルなうえに1週間もかけて作ることで、五感を使う職人技のようなものも必要になるんですね。僕ら、石鹸を舐めるんですよ。舌の上でぴりぴりしないか、アルカリ度を知るためです。余分なものを加えないで手間をかける「ケン化法」だからこそ、保湿成分のグリセリンが残って肌に優しい石鹸になるんです。

ところで、こうやって今日を迎えられてほっとしてるんです。先週末、こんな時にかぎって家族揃って食あたりして、小学生の息子は回復が早かったんですけど、嫁さんと僕は熱も出て起き上がれなくって。「食あたりで取材断るなんて」「でもギリギリじゃあ迷惑やろうし」「病院の先生は3日もすればよくなる言うてた」って、夫婦でちょっとした葛藤でした。おとといは、ふらふらでしたけど、昨日は小さい弁当持ってきて食べられたんです。嫁さんも買い物に行けて、今日を迎えられました。

28

Taisuke Watanabe

渡邉泰介さん

新潟県岩船郡・粟島

粟島浦村役場
産業振興課

春から秋までの観光シーズンは、朝わっぱ煮の手伝いをしてから役場へ来ます。粟島といえば、わっぱ煮。私、小学生の時から手伝ってるんですよ。うちの民宿がある釜谷地区には、港に屋根付きの朝食場所があるので、「朝7時に来てくださいね」って、泊まり客に声をかけておくんです。まず火床で木を組んで、石を焼きます。魚は、竹串に刺して遠火で。半生よりもうちょっと焼けた状態になったら、魚と味噌をわっぱに入れてお湯を注ぎます。そこに熱くなった石を入れるんです。一気に沸騰するんで、薬味のネギを入れたらその後もう1回焼いた石を入れて、2回沸騰させるのが大事です。魚からいいダシが出てきますよ。わっぱ煮は、島の周辺で獲れるメバルやソイ、アイナメっていう小ぶりの白身魚を使うんです。うちは親父が朝、刺し網漁で獲ってきます。子どもの頃から、弁当の中身っていえば焼き魚とか魚のフライですよ。今日のウマヅラハギの子の煮つけは、今が旬。この時期のもんですね。

粟島には高校がないので、私の場合も中学を卒業したら島を出て村上市にある寮から高校に通いました。そんなに寂しかった記憶はないんです。同級生2人も一緒だったし、上の学年も小さい頃から知ってて、まあ兄弟みたいな感じなんで。島にいる時には、映画館やデパートのある新潟市とかに憧れてましたけど、実際に出てみると、やっぱり粟島がいいなあって思いましたね。大学を出て新潟市で就職したけど、30歳までには島に戻ろうって思ってました。

私ね、釣りが好きなんです。家から一歩出たら、すぐに釣りができるって最高です。小学校の時も中学の時も、釣り部を作ったんですよ。何せ授業中でも釣りがしたい。今ね、うちの娘が3歳なんです。釣り好きにしちゃえば、娘の面倒を見なきゃいけない時も釣りに行けるじゃないですか。海中で魚が餌をパクパクするのが見えるから「あげろー」って言うと、娘がぴっと竿をあげるの。楽しんでくれてます。今のところ、作戦成功です。海は、毎日見てても飽きませんよ。海の中にも四季があって、海藻も小魚も水の色も、その時々で違うんです。もちろん泳ぐのも好き。シュノーケリングで潜ると、真鯛が群れになってたりしてね。青みがかった淡いピンク色の真鯛、きれいですよ。サザエも、ゴロゴロいます。秋に栗拾いするでしょ。足元に栗がいっぱい落ちてる、ああいう感じにサザエがいるんです。獲っちゃいけないんですけどね。

島で「私、結婚したんですよ」なんて誰かに言えば、数時間で島中に伝わります。早いですよ。外から嫁に来た人達は、自分

の家によその人がずーっといることにもびっくりするそうです。おしゃべり好きのじいちゃんの友達とかが朝来て、昼も一緒にご飯食べて、気づいたら夕方までいる。それって、私には普通なんですけどね。
うちの親父も若い頃は役場で働いてて、じいちゃんが漁、ばあちゃんが畑をやりながら民宿をやってたんです。今は私が役場で働いて、両親と嫁で民宿をやってます。
私、結婚は難しいかなと思ってたんですよ。島を好きになってくれる人じゃないと無理だと思ってたんで。そしたら、「緑のふるさと協力隊」で粟島に来た嫁と結婚することになって、しかも彼女は農業大学の出身だったので、ばあちゃんの畑を受け継いでくれてます。いちごを育ててジャムにしたり、お菓子作りしたり。こっちは、秋になると山へクルミを拾いに行って、甘辛く煮て太巻きに入れて食べるんです。今まではクルミって海苔巻きのものって思ってたら、嫁は焼き菓子に使ったりするんです。母とは違う、しゃれた感じの料理が出てくるようになりましたね。

29
Yoko Sudo

須藤陽子さん

新潟県岩船郡・粟島

粟島へき地出張診療所　**看護師**

　ゴロゴロって手押し車を押す音が聞こえてくると、「ああ、もう起きなくちゃ」って自然と目が覚めます。朝6時、ご近所さんがゴミを出しに出てくる時間です。6時半になると「起きてるかーい?」って扉を叩く音がして、慌てて玄関へ走ります。採りたて野菜を持ってきてくれる方がいるんです。粟島へ来てまだ2か月ですけど、夜型生活からすっかり朝型に切り替わりました。弁当に持ってきたキャベツ、家の入口の所にごろんと置いてあったのに気づかずに、夜躓《つまず》いちゃって。うわ、ごめんなさいって抱えて持ち帰って、夕飯にいただきました。いただく野菜はどれも新鮮。甘味があるので、基本的にシンプルな味付けにします。塩をふるくらい。キャベツは、ただ焼くだけで美味しいです。

　魚も基本、いただきものですね。「何か入れるもんを持っといで」って近所の漁師さんに言われて、ボウルを持っていくと「小さくって、ろくに入んねえ」って言いながらホイホイって5尾くらい獲ったばかりの魚を入れてくれるんです。一人だから、食べきれないって言うんですけど。「これは、焼くとうまい。これは煮る。これは刺身」って、とりあえず教えられた通りにやると、本当に美味しいんです。家庭科で魚の3枚おろし習ったなあって思い出しながら、何とかやってみたら、包丁が切れなかったんですよね。そうしたら、今度はうちの包丁が切れないってことがいつの間にかご近所に伝わってて、「うちの父ちゃんが包丁研ぐっていうからよ、早く持ってこい」って声がかかって、研いでもらいました。よく切れる包丁でやると、魚をおろすのが楽しい。

　私、父の仕事の関係で子どもの頃からあちこちで暮らしてきたんです。ここへ来る前は、山形市にいました。大学院で勉強しながら、病院で働いてました。粟島は小さな島ですけど、山形で見る天気図では、粟島が真ん中あたりに位置して、存在感があるんですよ。離島で看護師をしてみたいと思った時、粟島が気になって。

　島には、医師がいません。その代わり、水曜日は内科、金曜日は脳外科、それぞれ村上総合病院の医師がテレビ電話で診療します。先生の顔が画面の向こうに見えて患者さんと会話するんですけど、足のむくみを触るとか、聴診器を当てて呼吸音を確認するのは看護師がやります。自分の観察力と伝え方が問われるんですよね。歯科は、週に一度先生が船で往復してくれます。病院勤務と大きく違うのは、看護師が判断しなければいけないことが、いろんな場面であるってことです。重篤な場合、ドクターヘリを呼ぶか、船を出すか。夜間の呼び出

しもありますから、仕事が終わっても完全に気を抜くことはできないんです。
　私ね、アパートのある釜谷地区の防波堤に、ごろんと横になるのが好きなんです。変な人かもしれないけど、気にしません。夕日を見ながら綺麗だなあ、コンクリートあったかいなあって。空を見ると、カモメが円を描きながらゆったりと飛んでるんです。ああ、あの感じ、私もどっかで知ってるんだよなあって、ふと思ったんですよ。優雅に円を描くあの感覚。そうだ車だ！って。車の運転好きなんですよね。釜谷から診療所のある内浦まで、山道を6キロメートル、だいたい10分くらいの運転です。程よいスピードで緩やかにカーブを曲がれたら、よし。全部のカーブをブレーキなしで気持ちよく曲がれると、今日はいい日だなあって朝から嬉しいの。山道でスピードが出るんで、この辺でブレーキを踏んでおけばいけるよねーっていうポイントがあるんですよ。島の生活、楽しいですよ。仕事で緊張が続いても、自分なりの特別な時間を過ごせればオッケイなんですよ。

30

Reina Wakikawa

脇川玲菜さん

新潟県岩船郡・粟島

村立粟島浦中学校
中学生

フェリーの汽笛が聞こえると、もうちょっとでお昼だなって思います。村上市の岩船港から来たフェリーが、島に着く時の音です。窓の外がすぐ海なんで、授業中もよく海を見てますね。夏は、真っ青でホントにキレイ。冬は、白波がすごいです。あれじゃあ今日は船が出ないなあとか、波はいつも気になりますよ。

週に2日学校で仕出し弁当が出て、あとの3日はお弁当を持ってくるんです。卵焼きと肉じゃがが好き。お弁当はお母さんが作るので、普通の家庭料理って感じですけど、夕飯はおばあちゃんが作る島の料理です。例えば「おびら」かな。魚の卵と一緒に人参とかごぼう、豆腐を入れた煮物です。それと「えごねり」。海藻を煮詰めて固めたものです。畑をやってるから野菜を買うことはほとんどないし、魚も貰いものだと思う。去年まで民宿をやってて、おばあちゃんはかなり料理が上手です。

15人いる中学生のうち、粟島の子は私ともうひとり男の子だけで、ほかの13人は島外から来た〝しおかぜ留学〟の留学生なんです。1年間、寮で生活して学校に通う子達です。留学生が来る前は、同級生がいなかったんです。私が小学4年の時、3年、5年、6年に1人ずつ生徒がいるだけでした。複式学級で、先生がすごい頑張ってましたよ。黒板の所に行って3年の授業をやって、こっちに来て4年の授業をやるって感じで。だから中学1年から同級生が3人もできて変な感じでした。1学年1クラスずつになって先生がずっといる。もう待たなくっていいんだって。

部活は、卓球部だけです。1週間前に郡市大会があって、船で村上まで行ったんです。2泊3日で。初めてシングルスで優勝しました。大会の前1か月は、先生のほかに、島の男の人達が仕事の後に来て、練習につき合ってくれたんです。たぶん皆、元卓球部じゃないかな。試合の雰囲気を経験できて、よかったなと思います。今外を歩いてると、会う人達が「優勝おめでとう」って声をかけてくれるんですよね。島の連絡網ってすごいです。言ってないのに、すぐに伝わる。皆が顔馴染みです。最近は、「あと1年だねえ」ともよく言われます。

島には高校がないので、中学を卒業したら村上にある寮から高校に通います。私の3人のお姉ちゃん達もそうでした。不安です。怖い。やっていけるのかなあって。ご飯は作ってもらえるんですけど、洗濯とか掃除はしないといけないし。一緒に行く同級生もいないし、向こうでは誰も知らないから。今まで、いつも港で見送る側でした。島外に住んでるお姉ちゃん達は年に2回く

らいしか島に帰ってこられないので、船が出る時はいつも泣いてましたね。船って、余韻があるからかなり寂しいです。留学生が帰る3月も辛いです。毎年3月に別れて、4月には新しい留学生が来るから気持ちを切り替えなくちゃいけない。小5からずっとそうでした。今度は、次の春に私が行く番で、それはちょっと嬉しいかな。もう寂しい思いをしなくていいんだなって思って。見送るほうが、寂しいんだと思う。

　大人になったら島に戻ってきたいです。医者になりたい。島外から来た人達が島おこしみたいなことをしているのを見て、自分も何かしたいなあって思いついたのが医者だったんです。診療所には看護師さんしかいなくて、テレビ電話で村上のお医者さんに診《み》てもらうから。前に馬から落ちた時は腰が痛くって、船で村上の病院まで行きました。打撲だったんですけど、レントゲンとかないので、島外へ出ないといけないんです。勉強して、いろいろ診られるお医者さんになりたいです。

essay 3

潮風の島

〝幼稚園の先生〟がお題であった。職業からの〝弁当の人〟探しである。幼稚園は全国にある。「だったら、島へ行く?」小笠原の母島へ行って以来、怖いものなしの私が言うと、「そろそろ、島だよね」。俄然はりきるサトルである。かつて船乗りだった頃の血が騒ぐのか、島への情熱は私以上だ。

数時間後には、「粟島がいいんじゃない?」と、役場に電話を入れたサトルが興奮していた。曰く、「島にあるのは保育園で、昼ごはんは出る」とのこと。「でもさ」と、ここで語気が強まる。「小中学校は週に3日弁当の日があるって。しかも、しおかぜ留学って制度があって、島外から来た子達が寮生活をして、弁当を持って学校へ通ってるらしいよ」。すでに幼稚園の先生探しは吹っ飛び、「粟島へ行かなきゃね」になっていた。ところで、粟島ってどこ? 地図帳を開くと、私が勝手に恐竜の形と思っている新潟県の頭の後ろ辺り、日本海に浮かぶ小さな島が粟島だった。

卓球台が並ぶ体育館で、素早い球を打ち合う男女2人の姿がまず目に飛び込んできた。「あの2人が、島の子です」。粟島浦中学校で、ちょうど部活動の時間だからと教頭先生が体育館に案内してくれた。2人以外は、しおかぜ留学で島へ来たばかりの、卓球部の新人達。当然、技量が違う。中学校の生徒15人のうち、13人が島外からの留学生だという。実は、誰に取材をお願いするか最初は迷った。珍しさから、留学生が気になった。だが一方で、島の子の気持ちを聞きたかった。本来は島に2人きりの中学生である。毎年留学生が来る環境も、高校へ行くために島を出ることも、粟島の魅力も、当事者に胸の内を聞いてみたかった。結果的には、島で育った脇川玲菜さんが取材を受けてくれることになりよかったと思う。

取材とは別に、しおかぜ留学の生徒達の暮らしものぞかせてもらった。民宿だった建

村民大運動会

物が男女別の寮になっている。朝7時にお邪魔すると、寮母さんが作った弁当のおかずが食堂に並んでいた。きんぴらごぼう、ダシ巻き卵、照り焼きのチキンなどなど。子ども達自身が弁当を詰めるルールらしく、島へ来るにあたり家族が用意してくれた弁当箱を持って食堂へやってくる。まずはご飯だけを詰めておいて、朝食を食べた後におかずを詰める子、弁当箱が小さすぎておかずが入りきらずに焦る子、好きなものだけ詰める子、それぞれだ。朝ごはんは、炒り卵とポテトサラダ、リンゴ、ヨーグルトに具沢山味噌汁とご飯。食パンと牛乳もテーブルに置いてあった。半分眠っているみたいに、ご飯が口に入ったままの子がいた。そうかと思えば、パンにジャムをたっぷり塗って満足げに食べた後、ご飯と味噌汁があることに気づいて慌てる男子もいて、いかにも中学生である。そこへ、4人が賑やかに入ってきたと思ったら、パンに炒り卵を挟んでもりもりと食べ始めた。彼らは、海辺にある「あわしま牧場」の馬達に餌をやる当番で、ひと仕事終えてきたので元気だ。8時、中学生達が「いってきまーす」と玄関を出るのを寮母さんと一緒に見送った。

　360人ほどの島に、商店は2軒。交番はない。消防団も島の人達がやる。島を歩けば、年配者の姿が目立つ。それでも、この島に明るさと活気を感じるのは子ども達の姿があるからだろう。まだ幼さが残る、思春期真っただ中の中学生を預かるというのは、大変だ。ただ、役場の渡邉さんがそうであるように、高校へ通うために島を出て寮生活を送った人が島にはたくさんいる。自分の子どもや孫を、島外へ送り出した経験を、多くの人が持つ。自分達が世話になったぶん、よその子ども達も受け入れようという空気がこの島にはあるのかもしれない。移住してきた人にも会った。学校の先生方も教員寮で暮らす。日本各地から来た人達が、縁あって今を共に過ごしている、という感じが島にはあふれている。

　玲菜さんは、地域おこし協力隊の人達を見て、自分も医者になりたいと思うようになった。しおかぜ留学の子達も、きっと何かを感じて帰るはずだ。豊かな海がある。村民運動会もある。馬の世話を任され、乗馬の経験もできる。人と関わらないと、生きてはいけない環境がここにはある。

　この本が出る頃、玲菜さんは高校1年生の夏休みを迎えているはずだ。島へ帰って、どんな話をするのだろう。そして、夏の終わりにまた島を離れる日がやってくる。これから何度も船で往復し、そのたびに成長していくんだろうなあ、とわが娘と同い年の玲菜さんを思うと、胸が一杯になってしまうのだった。

本保
丸正雄

31

Shohei Enomoto

榎本昇平さん

茨城県日立市

日立市天気相談所
気象予報士

天気相談所なので、市民の方からいろんな電話をいただくんです。「今日、洗濯物は乾きますか?」とか、「あったかくなってきたけど、もう店で鍋（料理）出すのやめたほうがいいかねえ」とか。鍋の判断はできませんけど、「まだ寒い日はありますよ」って伝えたのかな。決まった時間に、「今日、雷は大丈夫ですか?」ってかかってくる電話もあります。よっぽど雷が嫌いなんでしょうね。電話が来ない日は逆に、どうしたんだろうって心配になるくらいです。

市役所の職員になって6年。それまでは、防毒マスクをつけて薬品を研究開発する仕事をしてました。実はその頃住んでいた北茨城市の家の周りは、湿気がすごかったんですよ。嫁は群馬の〝からっ風〟で育ったもんで、湿っぽいのは好きじゃない。高台に家を見つけて、日立市に引っ越して来たんです。それをきっかけに、市の職員募集を見つけました。ただ、生活環境部に採用が決まった時でさえ、同じ部署に天気相談所があることを知らなかったんです。しかも、気象観測と予報を自治体の職員がやっているのは日本でもここだけだなんて、全然知らなかった。

入ってすぐ、何となーくじわじわっと「資格、取らないの?」って周りから言われたんですよね。それまで、危険物取扱者の甲種とか高圧ガスの資格とか、けっこう資格コレクターみたいに取ってきたんで、じゃあ気象予報士にもチャレンジしてみよっかなあって感じでした。4回目で合格した時は嬉しかったけど、今となっては試験のほうがずっと楽。ピンポイントで日立市の予報を出すのは、難しいですよ。気象庁などから送られてくる情報と、ここでの観測をもとに自分なりの分析をするわけですけど、海がすぐそこまで迫ってて、ちょっと陸地があってすぐ山になるこの地形ならではの気象があるんですね。海から風が入ると、温度が上がらないとか。9時と16時に市のホームページに予報を出すんですけど、直前まで悩みます。曇りって発表したけど晴れちゃった日なんかは、こっそり書き換えたいくらいですけどね、そこは我慢。雪や台風の時なんかは、泊まることもありますし、緊急の情報は常に発表しています。

夏休み終わり頃になると、子ども達から「○月○日の天気を教えてください」なんて電話をもらうこともありますね。お母さんのほうが必死で「ほら、○日も聞くんでしょ」なんて横から聞こえてくる。僕も、そんなタイプの子でしたね。天気なんて興味なかった。雨降ったら濡れればいいやって。うちの小学3年の息子も、暑さ寒さに無頓着で、「今日は暑いんだから、上脱い

で行きなさいよ」って、嫁がいつも言ってるから、ああ僕もそうだったなあって。それに比べて小1の娘は、「寒いけど、今日は短いスカートを穿きたいの」って、自分の意思で洋服着てるんで、女の子は違うなあと思います。

食べ物に関しても「何も頓着しないよね」って、嫁に言われます。自分から進んでブロッコリーなんかの野菜には手を出しません。こだわりって言ったら、弁当で一番好きなから揚げかなあ。ジューシーなのとパサパサなのがあったら、僕、迷わずパサパサを選ぶんですよね。レンジでチンするとしっとりしちゃうから、ダメ。弁当は、冷たいままが美味しいと思うんです。

夜、家族のなかで最後にご飯を食べる僕が、釜を洗うんですけどね、弁当箱に翌日のご飯を詰めて確保して、さらに残った分はラップで包んで冷蔵庫へ入れるところまでやります。カレーの日とか、子どもがいつも以上にご飯を食べた翌日は、弁当はお休みです。

32

Hiroshi Motomura

本村浩司 さん

沖縄県・石垣島

車海老養殖場
エポック
代表

中学生の頃は、パイロットになりたかったんです。でも、視力検査でまず無理だろうって諦めました。空の次にでっかいのは何だ？　海だ、って思ったんですね。でも僕、泳げなかったんです。那覇市の街中で生まれ育って、当時沖縄にはプールがある学校ってほとんどなかったんです。練習場所がないもんだから、琉球大学に入ってから、授業の合間にひたすらリゾートホテルのプールに通って泳いでましたよ。

実は、車海老の生産量日本一はここ沖縄県なんです。でも珊瑚礁の海には天然ものが存在しません。すべて養殖。旬は夏なんですけどね、沖縄の夏は暑すぎて難しい。じゃあ冬に出荷すればいいってことで、県を挙げて生産に取り組んで、次々と県内に養殖場ができたんです。僕は大学で海草の研究をしていたんですけど、先輩が声をかけてくれてこの仕事に就きました。これからは海老だ、って思って。あの当時、海老を育てる以前に、池で使う筏も作業場も何でも自分で造らなきゃいけないから大変でした。大工仕事も、電気工事も。今だから言うけど、池に潜って寝てましたもん。いや、ボンベ背負うから大丈夫。海老見ながら、ぼーっと休憩してたなあ。

この仕事は、実際に海老を見るってことが大事なんです。餌を撒くでしょ。その後食べ残しがないか、池に潜って様子を見るんです。夜行性ですから、昼は眠ってればいいの。砂に潜って目だけ出してる。問題なのは、起きてウロウロしてる子ね。こっちだってドキドキですよ。「おーい、元気かあ」って。眠れない理由が、何かあるはずでしょ。「お腹空いてるの？」「どっか痛いの？」って聞いてみる。ちっちゃい海老ですけど、よく見ればわかるもんですよ。フンがたくさんあれば、餌は足りてるなあとか。パッと逃げる海老は大丈夫。捕まるのはダメですね。持って帰って、何が原因かスタッフと考えます。うちの池では薬は一切使っていません。

今うちの水槽に、孵化して1か月経過した1センチくらいの海老がいますよ。明日、湯飲み茶碗で掬いながら1匹ずつ数えて、池に放すんです。今年は6面の池に500万匹ほどを入れる予定ですけどね、目で見て数える地道な作業なんですよ。夏から秋にかけての今は、台風が来れば停電するしね。無事育つように、一年で一番気を揉む時期です。

出荷が始まるのは10月頃から。忙しいので、この期間は仕出し弁当をスタッフの分も用意します。週に一度は「弁当に入れてね」って、うちの海老を前もって店に渡して、弁当に入れてもらうんですよ。餌や水

温、どの池かによって海老の味が違うと思うので、スタッフ皆で味を比べてますね。やっぱり育てる自分達が美味しいと思わないと、人に勧められませんから。ちなみに、我が家では家内が海老フライ、おばあちゃんは天麩羅、僕はささっと炒めてマヨネーズを絡める海老マヨが得意です。

冬の出荷時期以外は、手作り弁当なんですよ。家内もここで事務をしてますから、協力し合って。だいたい私が先に起きたらご飯を炊いて、ちゃちゃっと1品。今日のチャンプルーみたいにね。うちのは、僕の作ったのを見てから、隙間を埋めるために卵焼きとかウィンナーを焼いて詰めてくれます。共同作業ですね。実は、次男がこの春から高校に通い始めて、毎日弁当になったんです。長男にはほとんど作ってやれなかった後悔もあるんです。次男が皆勤賞を目指すって言うんで、じゃあ私達親は応援するつもりで弁当皆勤賞を目指そうって。中学2年の長女も次に控えてるんで、この先長いんですけどね、できるだけ頑張ってみるつもりです。

33

Mizuki Yamashita
& Alexander

山下瑞季《さん》とアレキサンダー

静岡県御殿場市

大学生

『ヴィルタス ライディングクラブ』

私にとって馬は、競技で一緒に頑張ってくれる仲間です。でも、コイツとはまだ仲間になりきれてないいんですけど。アレキサンダー、ドイツ生まれのオスです。ダーまで言うのが面倒で、アレキサンって呼んでます。私が厩舎《きゅうしゃ》の馬房の前を通っただけで、噛みつこうとして顔を出してくる。あれはもう、噛むって意志を持って噛んでますね。悪いことしてる意識は、たぶんあるんですよ。だって、すぐ逃げるから。前にブラシをかけていた時、痣になるくらい思いっきり噛まれたことがあって、さすがに頭にきたんです。ブラシを投げつけて「次噛んだら、噛み返すからねっ」って怒ったら、それ以降は噛まれてません。

頭いいんですよ。頭絡《とうらく》（頭に着装する馬具）を着けようとすると、私の手の届かない高さがわかってて、わざとその高さに頭を上げる。バカにされてるなあ、と思うんですけど、こっちも踏み台を持ってきて、どんな高さだって大丈夫ってところを見せるんです。乗ると、すごくいい馬なんですよ。物音にびっくりして跳ねることもないし。ただ、わかってるはずなのに、私の指示に従わないことがあるなあ。

『ヴィルタス ライディングクラブ』に初めて来たのは、小学2年生の時です。2泊3日の乗馬体験キャンプの案内を学校で見つけて、友達と参加しました。厩舎の掃除や餌やり、ブラシかけ、乗馬も初めての体験でした。小走りしたら、あの高さですから体が上下してすごく怖かったんですよね。あ、無理って思って。でも楽しくって毎年参加するうち、全日本ジュニアの大会に出たいなあって思うようになったんです。5年生の終わりに、正式会員になりました。

私がやっているのは、ブリティッシュ式の障害飛越競技と馬場馬術です。ジャンプする障害と、馬と一体になっていろんな動き方を見せる馬場馬術は調教の仕方も違うので、今はドラーナとアレキサンの2頭が、私の大切な仲間です。障害を跳ぶドラーナは人懐っこくて優しくてちょっと臆病。アレキサンとは、性格が真逆なんですよ。私、いつも馬のことばかり考えてますねえ。小学生の時から、週末ごとに電車を乗り継いで、東京都内の自宅から富士山の麓まで通って来てます。

たいてい母が作ってくれるお弁当を持ってくるんです。私、食物アレルギーがあって、小麦、卵、そば、エビ、生魚……と、食べられないものが多いんです。万が一の時のために、薬と注射をいつも持っているんですけど、不安で外食はほとんどしたことがないんです。小学生の時には、給食の献立を見て、母がそれと同じものをアレル

ギーが出ない食材で作って弁当で持たせてくれました。ここに通うようになってからは、宿泊する時に食堂で皆と食事ができるように、母が前もって冷凍したおかずを送っておいてくれます。例えば、今日も入ってる肉巻き。インゲンとかエノキに豚肉や牛肉を巻いて、いろんなパターンを作って冷凍するんです。筑前煮やナスの味噌炒めは、1食分ずつ小分けして冷凍。食事の時、スタッフの人が焼いたり温めたりして出してくれます。

母の作るものは、何でも美味しい。いつも、先におかずを食べて、その後にご飯だけ食べるんです。「それ、変だよ」って言われるけど。漬物とかあっても、やっぱり漬物は先に食べちゃう。

家族と「最後の晩餐は何がいい？」って話をするんです。私は、母が作るだし巻き卵か、半熟のオムライスがいい。なっちゃん(姉)が、美味しいって言ってたから。「そこまで生きてたら、私、妖怪になっちゃうよ」って母は言ってましたけど、冷凍保存できないからなあ。

34

Tetsuya Koga

Applause
Applause

古賀哲也さん

福岡県大川市

アリアケスイサン

海苔漁師

今船を停めているのは「えどなかつ」って呼ぶ漁場です。子どもの頃親父が「今日はえどなかつに行った」って言うと、会社員のお父さんみたいに「えどなかつ駅」で降りて海苔を摘んできたんだ、って妹は思ったそうです。佐賀空港を使うと、飛行機がちょうど有明海の上を低空飛行するので、冬は海苔の漁場がよく見えるんですね。海に支柱をさして、養殖用の網を固定しているんです。

海苔を人間の髪にたとえるとわかりやすくて、普通はショートヘアの量を残して刈り取ります。1番摘みは小さい子の髪みたいに柔らかで、10番摘みくらいまで刈れるんです。ただ今季は、10月末に種付けをしてから、水温が下がらないのと雨が多かったので、思うように収穫できないんです。病気が蔓延しないように、数日前に坊主頭くらいに刈ったので、今成長を待ってます。持ち直してくれるといいんですけど。

有明海は干満の差が日本一で、網が宙吊り状態になるんで、海苔に甘みが出ると言われているんですね。収穫は夜。海苔網が海に浸かる時刻に合わせて、家を出ます。潮汐表を見て、潮の満ち引きの時間で暮らしてますよ。現場では、何時になったら休憩なんて言っていられなくて、〝この潮高でやる仕事〟を必死にやってると時間があっという間で、大急ぎで弁当を食べます。手袋を脱ぐ暇も惜しいんです。食べやすさで、いつもおにぎりです。有明産の海苔は軟らかいので、おにぎりに巻くとふにゃっとなるんですよ。「海苔を別で持ってって、自分で巻いて食べれば」って妻に言われたこともあるんですけど、面倒なので前もって海苔は巻いてもらってます。今日は、紫《し》彩《さい》っていうバラ海苔を混ぜたおにぎりです。

うちは、じいちゃんの代から海苔漁師ですけど、特別海苔ばかり食べてたかっていうと、そうでもないんです。僕より妹ですね。朝ご飯の時に全形の海苔を1枚出してきて、茶碗のご飯をぱかっと海苔に出して平らにして、納豆をのせたらくるっと巻いて大胆にかじってましたね。海苔巻きに、海苔の佃煮を入れてることもありました。妹は、僕の代わりに親父と一緒に海に出たこともあるんですけど、後ろ姿が僕なんかよりよっぽど海苔漁師っぽいんですよね。彼女は今、海苔の研究をしてます。

僕はっていうと、大学を卒業して嫌々後を継ぎました。子どもの頃から網の準備や海苔の乾燥を手伝ってきて、大学生になると親父の相方として海にも出ていたので、大変なのはわかるし、できれば継ぎたくはなかったんです。でも親父がやり始めたバラ海苔を「お前が自分で売ってみないか」

って持ちかけられたのをきっかけに、気持ちも変わりました。普通のシート海苔は機械でミンチにしてからシート状にするので、旨みはどうしても流れてしまうんです。でもバラ海苔はミンチにしないので、海苔の風味がそのまま味わえるんですね。「紫彩」って名前をつけて、置いてくれる店を探すところから始めたんです。

海苔は普通、組合や漁協に出荷して入札制です。漁師は自分の海苔がどの等級でいくらになったのかはわかるけど、高かった、安かったまでで、その先が見えません。紫彩を自分で売って、商品の反響がダイレクトにくるっていうのは、親父にも経験がないことで、嬉しいんですよ。人に説明できるように、自分でも海苔のことを勉強するようになりました。息子と娘が生まれて、後を継ぐ継がないは別としても、今後も繋げられる状況にしておきたいなって考えるようになりましたよね。長男の名は、有明海の「有」なんです。離乳食より先に、海苔を食べてました。うち、ハイハイしだすと、海苔の粉が口に入るもんで。

35

Yoshiaki Kai

甲斐義明さん

奈良県奈良市

奈良の鹿愛護会　**職員**

春から夏にかけて、奈良公園にいるメス鹿達が出産の季節を迎えます。本当は鹿達も、ひっそりと茂みの中で産みたいだろうと思うんですけど、間に合わずに人通りの多い所で産んでしまうこともあるんです。母鹿は子どもを隠してるつもりでも、人間からは丸見えってこともあって、「わあ、可愛い」って子鹿に近づいてしまうと大変です。前足で叩いたり頭突きしたり、母鹿が攻撃的になることもあります。これだけ人と鹿が近いところにいるので、どうしてもトラブルは起きてしまうんですね。鹿さんにとっては迷惑な話でしょうけど、私達愛護会で妊娠している鹿を捕獲して、できるだけ「鹿苑《ろくえん》」の施設内で出産してもらってます。

実は、鹿を捕まえるのが一苦労で、いつも知恵比べなんですよ。車に乗せる前に、お尻にブチュッと麻酔薬を入れるんですけど、一度経験した鹿は、痛いことされるってわかるんですね。愛護会の人間だってことを、認識してるみたい。だから僕らも単独で行かずに、観光客を装って2人でお喋りしながら何げなく近づくとか、この服装を隠すためにジャケットを羽織ってみるとか、日傘をさすとか、いろいろ考えるんですよ。でも、回数をこなすうちにバレるみたいです。秋には、オス鹿の番です。角が完成して危ないので、鹿苑内で角を切るために今度はオスを捕まえます。

ただ、天然記念物に指定されている公園の鹿達は、野生動物なんですね。日中は、鹿せんべいが欲しくって観光客を取り囲んでいても、夜には決まった泊まり場に帰って行って、普段は生えてる芝や木の葉、どんぐりなんかの木の実を食べてます。時々、公園から出て行って、畑の農作物を食べちゃうような子もいて「お前んとこの鹿を何とかせえや」って言われることもあるんですけど、うちはあくまでも、この土地で暮らす鹿達を守るための団体です。交通事故に遭った鹿がいたら駆けつけて、獣医が手当てをする。公園に戻すのが難しい場合は、鹿苑の中で面倒をみることになります。残念なことに毎年100頭近くが交通事故で亡くなるんですけど、火葬するのも私達職員です。

うちは嫁さんが看護師をしているので、夜間に仕事っていうこともあるんですね。小学校、中学校、高校と3人の子どもがいて、長期の休みの時なんかは家族5人分の弁当を作ることになるので、僕もなるべく手伝うようにしています。例えば昨晩、「マカロニを茹でておいてね」って言われていたので、朝に強い僕のほうが、先にマカロニを茹でておきました。「小松菜を3セン

チくらいに切って」と言われ、切ったらどうも小さすぎたようで、実は朝から嫁さんに文句を言われまして。ハムの裏側に入ってるのが小松菜です。炒めるとかメインの作業は彼女で、僕は補助。ご飯をつめる、漬物を切る、梅干しを入れるって感じでしょうか。並んだ弁当箱に、順々に流れ作業的にやっていきます。
　自衛隊員からの転職で、この仕事について18年目になりますが、鹿のような大型動物がこうやって人と共生してるっていうのが、やっぱりすごいと思うんです。神の使いとして大切にされてきた歴史があるんですね。昼ご飯中も、通報の電話が入ると、その場へ確かめに行きますよ。「うちの○○ちゃん、ちょっと様子がおかしいのよ」なんて、みやげ物屋さんから教えてもらうことも多いですね。「最近見ないんだけど、あの子知らない？」って言われて、特徴を聞くと、交通事故に遭って鹿苑に保護している場合もあります。公園の鹿さん達は、地域の皆に愛されて見守られてるんだなあと思いますね。

36

Masashi Yamamoto

山本政史さん

栃木県日光市

日光下駄職人

私はね、子どもの頃、保育所を3日で辞めちゃったの。なんでかって言ったら、弁当ですよ。家のすぐ近くの公民館の中に保育所があったんだけど、昼大きなテーブルに皆が集まって、「さあ食べましょう」って言われた時に、嫌でねえ。食べる気がしなくって。どうしても外のすべり台の上に座って、弁当を食べたかったの。ダメだって言われてね、3日目に考えたんです。朝保育所へは行かずに、昼になってから弁当を持って行って、そのまんますべり台の上に座って一人で食べました。上から部屋にいる皆のことを見ながらね。嬉しかったですねえ。あの頃の保育所って、行っても行かなくても文句を言われなかったし、自由な感じかな。うちはお袋が鬼怒川温泉の旅館で朝と晩働いてたけど、昼間は家にいたからね。結局、保育所は辞めちゃった。

弁当の中身まで覚えているのは、中学生からですよ。蓋を開けると、鰹節と海苔がべったり張り付いててね、斜めに切って炒めたソーセージと卵焼きが入ってると最高だったよね。卵焼きは甘くってちょっと焦げたくらいがいいんだ。うちは朝早く旅館に行くお袋の代わりに、親父や姉が弁当を作ってくれた記憶があります。でも誰かが詰めても、最終的には自分の気に入ったようにおかずを並べ替えたりしてね。人がやったのを、ちょっと変えるのって面白いんですよ。今、下駄を作ってても同じ。修理が面白い。こんなふうに履いてくれたんだなあってわかるから。

39歳で職人になりました。その前はタクシー会社にいて、ちょうど無線番をしてる時に「日光下駄を探してるお客さんがいる」って運転手から無線が入ったんです。日光下駄を知らなかったもんだから、あちこちに問い合わせたんだけど「もう作ってる人はいないよ」って言われてね、お客さんも諦めたんです。その後会社を辞めて、次どうしようかって時に、知り合いが持ってきた新聞記事に「日光下駄の職人募集」って書いてある。え？ あの時の？ って。市の主催で、最後の職人の山岡さん夫婦を先生にして後継者を育てるって企画。家族親戚、皆が反対ですよ。もう下駄の時代じゃないだろうって。でも、誰もやらないなら私がやってみようって思いましたね。

日光下駄って名前だからわかりづらいけど、あくまで草履《ぞうり》なんです。真竹の皮で編んだ草履表を、麻糸で台木に縫い付ける。昔、日光東照宮をお参りする時の草履に、雪や砂利に対応できるように下駄をくっつけたのが始まりです。

麻糸は、麻を割いて撚《よ》って糸にするところからやるし、真竹の皮を硫黄で燻《いぶ》したり、

鼻緒の芯に使う餅藁を叩いて軟らかくしたり、見えない仕事がいっぱいです。女房には、ひとつひとつ教えましたよ。こういう仕事は一人じゃ無理だよね。夫婦でやらないと。女房は家で作業をしてますよ。私は女房が作ってくれた弁当を持ってきて、工芸センター内で実演販売をしています。

最近ね、タクシーの運転手がお客さんを連れて来てくれたんです。「日光下駄を買ったよ」ってお客さんが見せた下駄が本当の日光下駄じゃなかったもんだから、連れてきたよって。そのお客さんは、履き心地を確かめて喜んで買ってくれました。儲かる仕事じゃないけど、満足してもらえるのが嬉しいよね。それに、同じことをやってるように見えて、毎日が違うから面白いの。材料がひとつひとつ違うもの。この仕事始めて1年くらいの頃の草履を、箪笥にしまってあるんです。前はよく引っ張り出して見たの。こんなんで有頂天になってたなんて、とんでもないなあって、自分を戒めるためにね。そういえば、随分見てないけど、どこにしまったんだっけ。

37

Shogo Shimizu

清水省吾さん

北海道旭川市

森のよろず屋

もりねっと北海道

突哨山《とっしょうざん》には、10種類ものコウモリが生息してるんですよ。大学時代から、この山を歩いてます。実は僕、苫小牧の高校時代、旭川大学のオープンキャンパスに行ったんですね。そこで出羽寛《ひろし》先生が、コウモリの剥製《はくせい》を見せながら、この山での調査の話をしてくれたんです。それで、僕が何か質問するたび「それはまだわかってないんだよなあ」って言うんですよ。コウモリって未知の生き物で、まだ研究が進んでないらしい。じゃあ、僕も何か発見できるかもしれないって思いました。コウモリの剥製に一目ぼれでした。経済学部の出羽先生のゼミが、「コウモリ調査」っていうのも変わってますけど、コウモリ調査がしたくて旭川大学に入ったんです。

調査は、日没前に木と木の間に幅2メートルほどの網を張るところからスタートなんです。夜、虫に刺されながらじっと待つ。コウモリって超音波を出して、障害物を認識するんですけど、時々油断するのか、超音波を出さずに網に引っ掛かるのがいるんですね。捕まえたら、発信器を背中につけて放して、その日はおしまい。翌朝、重たい受信機をぶら下げて、アンテナを掲げながら昨日のコウモリを探すわけです。笹やぶをかき分け、沢を越えて急斜面を下りて、やっと1本の木を見つけるともう昼頃。木の皮がめくれてないか亀裂がないか、コウモリの隠れてる部位を探すんです。たまに、背中のアンテナがひょこっと木の隙間からはみ出てて、太陽の光を受けてキランキラン光って見える時があるんです。ヤッターって万歳して、位置を記録。蜘蛛の巣も同じ光り方をするんで、要注意なんですけどね。大学4年の時には、年間100日この山で過ごしましたね。

コウモリを調査する時、木を知らないといけないんです。僕が今給料を貰ってる「もりねっと北海道」を立ち上げた陣内《じんのうち》さんに出会ったのも、その頃です。僕、陣内さんが枯れ木をチェーンソーで伐るのを見て、最初泣いたんですよ。「枯れ木は、コウモリのねぐらになる大事な木なんです」って。森は適度に間伐をしなくちゃいけないことを、後で知りました。生き物サイドの視点だった僕が、木について教えてもらううちに、森サイドからも物事を見られるようになりました。運がいいことに、大学卒業の時期にもりねっとが突哨山の指定管理を受けたんですね。迷わずスタッフになって、今もこうして遊歩道の安全確保や間伐のため、突哨山を歩いています。

僕ら、麓の小学校の学習のお手伝いもしてるんですよ。年間プログラムを組んでくれたので、木を伐ったり虫の観察をしたり、

四季を通して山で過ごせます。実は僕、念願叶って山の民有地部分4・7ヘクタールを去年買ったんですよ。ええ、この場所です。小屋も建てました。私有地では、焚き火も山菜採りもできるので、これからは子ども達と焚き火を囲んで朴《ほお》の実のお茶を飲んだり、山菜汁を作れます。雨が降っても、小屋があれば安心。活動の幅が広がると思うと、ワクワクしますね。

ちなみに、料理は全然ダメです。ダッチオーブンを使うアウトドア料理なんかは大好きなんですけど。料理も弁当も、妻にお任せ。妻とは大学1年の時からのつき合いで、当時〝彼女の手作り弁当〟っていうのにすごい憧れがあった僕は、お願いして2年間くらい弁当を作ってもらってたんです。結婚して、また彼女の弁当が復活です。

最近「屋根裏にコウモリがいる」って連絡がきて、家を訪問することも増えました。大学を退職した出羽先生と「オサラッペ・コウモリ研究所」を立ち上げたんです。コウモリの活動は夜ですから、仕事の後でも調査や観察ができるんですよ。

38

Rumi Matsumoto

松本ルミさん

宮崎県宮崎市

『愛華園芸』

胡蝶蘭の育成出荷担当

今日は、祖母の88歳の誕生日なんです。昔は祖父と一緒に茶畑をやってて、去年までスクーターに乗ってた元気なおばあちゃんです。私は静岡県の掛川で生まれ育ったんですけど、仕事で忙しい母に代わって台所に立っていたのが祖母でした。高校時代の弁当は、私も一緒に作った記憶があるんですけどね、「わしが作ったよー」って祖母は言います。「だってお前のことが可愛いんだよ」って。嬉しいですよね。私、おばあちゃん子なんです。

おいなりさんイコール、おばあちゃんですね。甘じょっぱく煮たお揚げ、卵焼きも甘いです。何しろトマトにも砂糖をかけるし、インスタントコーヒーには角砂糖を3個。麦茶も甘かったです。でも、どれも「美味しい」って思ってました。

いつもはこんなに手の込んだ弁当は作らないんですけど、今日は特別。祖母のことを思いながら、再現してみました。静岡は芽キャベツの産地で、冬になると週2、3回は「人参と芽キャベツ炒め」を作ってくれましたね。塩コショウの後、マヨネーズと醤油で和えるだけ。芽キャベツを食べるならこれが一番、って私も思ってるんですよ。白和え、とんかつもおばあちゃんを思い出します。でも、今日の弁当全部が〝おばあちゃん〟になっちゃって母に申し訳ない気がして1品入れたんです。サツマイモとリンゴを煮たのは、私が体調を崩した時に母が作ってくれたものです。

ここでの私の仕事は、水やりと市場へ出荷するための梱包ですね。花や葉に傷をつけないように、根元にたっぷりと水をかけます。4年前、スタッフ募集を知った時「20代、30代の女性達が活躍中」って書いてあったんですよね。確かに主婦には働きやすい環境です。うちの娘はもう中学生ですけど、子どもが小さいと特に、熱とか出すじゃないですか。そんな時は朝、社長にLINEするんです。そうすると、その日いる人達で仕事を回せるように社長が調整してくれるので、気持ちが楽なんです。女性が40数人いると、女子校の1クラス分みたいですね。年齢は20代から60代まで幅広いんですけど、子どもの誕生日会にどんな料理を作ったとか、シミやそばかす対策の美容の話とか、昼ごはん食べながらおしゃべりが弾みます。

胡蝶蘭って、マンゴーと同じで自分のために買うことってほとんどないんですよね。誰かに贈る特別なもの。テレビを見ていて議員さんの部屋とか、優勝したお相撲さんの後ろに胡蝶蘭がいっぱい並んでるのを見つけると、嬉しいなあって思いますね。胡蝶蘭の名前にもいろいろあって、今テーブ

ルに飾ってるこれはカノン。社長の奥さんの名前は、カンナさん。もうひとつアンナっていう花があるんですけど、入った当初はこの3つがごちゃまぜになって大変でした。時々、名前のない花があるんです。本当に稀なんですけど、「名前を付けさせてください」って社長にお願いしたことがあります。その時につけたのが「エレガンスレディ」です。いつまた命名の機会があるかわからないので、実はポケットにメモ帳を入れてて、イメージが浮かんだ言葉を書き留めてるんですよ。ベルベット、シナモン、小町なんてふうに。ちょっと恥ずかしいんですけど。

そういえば、宮崎に嫁いできてまだ慣れない頃、フラワーアレンジメントを習ったことがあります。花には癒しの力がありますよね。前はよく、家の玄関周りにも花を飾っていたんです。でもすぐに枯らしちゃうので、最近は1つも置いてないんですけど。ここで花に囲まれてるから、もうそれで満足なんですかね、私。結構忙しくても、ここにいると穏やかな気持ちなんですよ。

39

Tatsuhito Sugano

菅埜達人さん

鳥取県鳥取市

「鳥取県警察音楽隊」楽長

30年も前になりますけど、警察学校に入ってすぐ「いつまで食べてるんだ」って教官に怒られました。以来、周りに合わせて早く食べる習慣がつきましたね。音楽隊員は、私以外は普段3交代でパトカーに乗っています。いつ何が起こるかわからない状況ですから、自然と昼食も5分、10分って感じになるんです。

弁当は、岩美署に転勤になった時からです。近くに飲食店がなかったので、当直の日の夕方になると女房が長女をベビーカーに乗せて、弁当を持ってきてくれました。そのうち、歩き始めた娘の手を引いて来るようになって、成長したなあって思ったものです。その後、本部勤務になって仕出し弁当の時代もありましたが、長女が高校生になるのと同時にまた弁当。うまい具合に長男、次女と高校生が続きまして、思えば10年ほど女房の弁当が続いているんです。ただこの3月で次女が卒業なんですよ。ついに終わりですかね。時々、気分転換を兼ねて県庁の食堂を利用するんですけど「今日、昼に何を食べたでしょう」って、女房や娘に言いたくなるんですね。「必ずそれ言うよね」と、つれない返事が返ってきます。

今日の派遣先は、鳥取空港です。「鳥取砂丘コナン空港」の愛称が決定して、そのオープニングセレモニーでの演奏です。「名探偵コナンのメインテーマ」は外せません。ほかは警察らしく「刑事ドラマテーマ集」。コナンと映画でコラボしたルパンにちなんで「ルパン三世のテーマ」もやります。大泥棒ですけど、人気なので。ノリがいいので、結構リクエストされるんですよ。

楽団員は23人と少なくて、技術的な面では課題も多いのですが、やっぱりそれをカバーできるのは「心」だと思っています。平成18年にこの音楽隊舎ができるまでは、古い体育館が練習場だったんですよ。音の反響が悪くて、紙の卵パックを壁一面に張りつけてみたり、床にカーペットを敷いたりして、何とか工夫してましたね。それを思えば、今は本当に恵まれた環境です。

私自身の音楽との出会いは、小学校の鼓笛隊なんです。メジャーバトンを持って歩く指揮者でした。ところが卒業式で見た後輩達の鼓笛隊には、トランペットの子がいたんですね。ああ1年遅かったら、僕もあれを吹けたのにって、トランペットを吹きたい一心で中学では吹奏楽部に入部しました。先輩のレッスンが厳しくて、思わず涙が出ましたよ。高校では、吹奏楽部がなかったので、友達に声をかけて部をつくりました。昼休みになると男子数人、いつも音楽室で弁当を食べて、その後で楽器に触ってましたね。僕はトランペット。友達は、

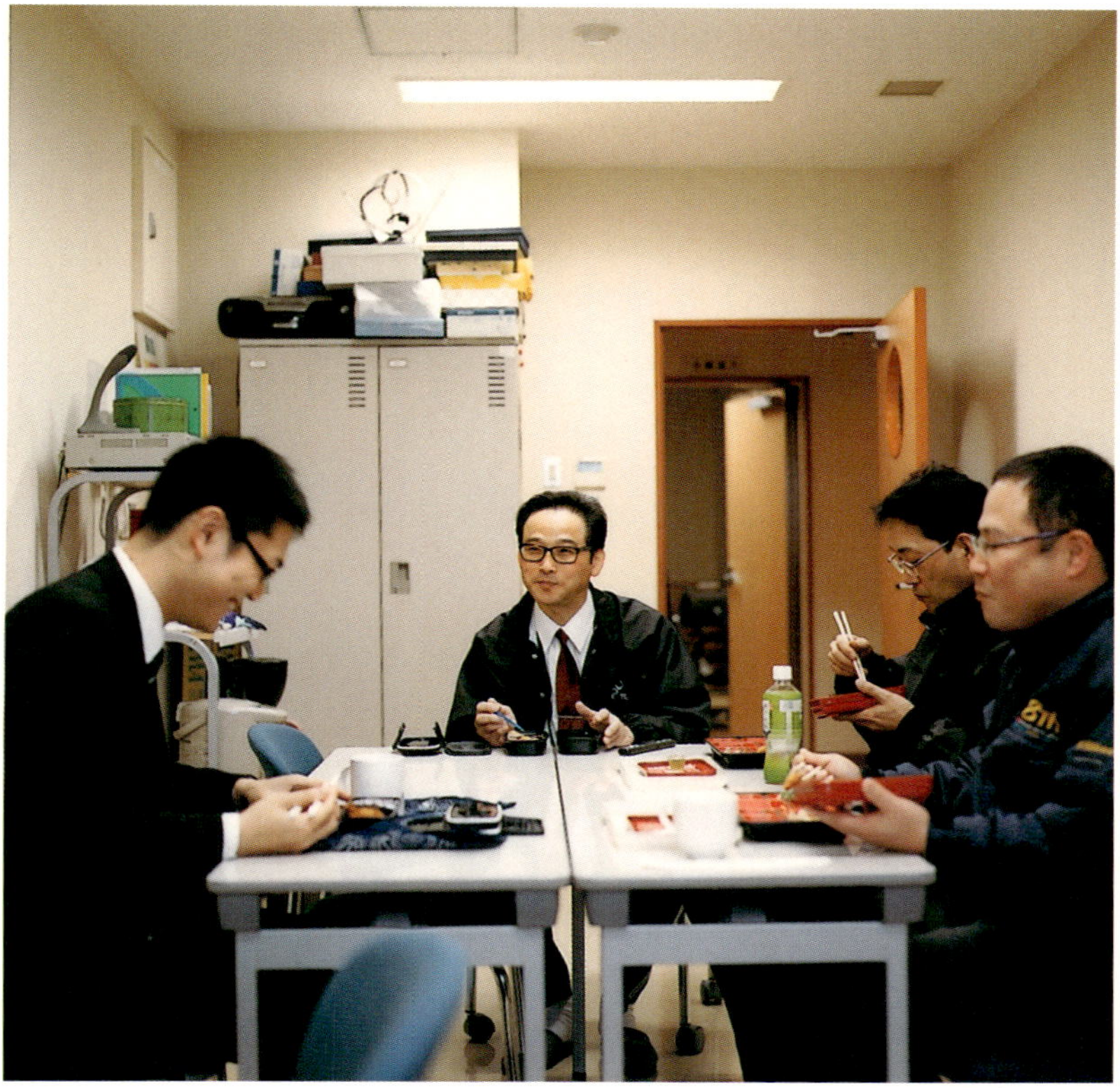

母校の中学から譲ってもらったチューバやトロンボーン。最初は11人だったけど、3年生の時には部員が40人を超えたんですよ。3大学生になると、管弦楽部に入って、クラリネットを吹いていた女房と出会いました。同級生です。

3人の子ども達には、自分ができなかったピアノを習わせたかったんですね。息子は中学から野球部に入りましたが、親の言いつけを守って高校卒業までレッスンに通いました。野球部の監督に「明日、ピアノの発表会があるので練習休ませてください」って言ったら驚かれたとか。親バカですけど、素質があると思ったんですよね。

毎年、家族揃って秋田市の女房の実家へ車で帰省しているんですけど、何しろ15時間もかかるんです。子ども達が小さかった頃、新潟を走っていて向こうに佐渡島が見えたら、誰かが「佐渡島〜」って歌い出したんですね。それに続いて輪唱が始まって盛り上がって、皆で笑いましたね。家族揃って音楽が好きですけど、私の演奏は見に来てくれないですねえ。

―おわりに―

阿部直美

会場の後ろのほうに、小学生の男の子が座っていた。プロジェクターで写真を映しながら、「これは、小笠原の母島へ行った時のです」とサトルが言うと、「えっ?」という顔をした。「小笠原の……」「小笠原で……」。サトルの言葉に、ズッコケたポーズをとったりおどけた顔を見せてくれる。母島小中学校の生徒のお弁当写真が出てくると、大人達の間から身を乗り出して写真を見て、にこにこ笑っている。

普段やり慣れないことをしていた。神奈川県藤沢市にある湘南・蔦屋書店で、『おべんとうの時間（3）』の出版を記念したトークイベントの日だった。旅の話を中心に、ということで、写真を交えながら小笠原の母島を旅した時の話を夫婦でしたのだった。ありがたいことに大勢の人が集まってくれて、時に笑いも起こり、頷いてくれる人もいながら時間は過ぎていったのだが、喋りというのは難しい。みんな、退屈なんじゃないだろうかと不安にもなる。そのつど、奥に座っている男の子と目が合って、〝くくっ〟と笑ってくれるので力がわいた。

イベントが終わって、その男の子が「小笠原環くん」と聞いて驚いた。ガーデナーだった小笠原史人さんの息子さんだ。その日トークイベントの司会をしてくれた友人が、家を建てた時に庭を担当したのが史人さんで、「弁当だったよ」という情報もその友人からだった。まだ全日空の機内誌で連載を始める前、どんな内容の取材かもわからないまま史人さんは弁当取材を引き受けてくれたのだ。『おべんとうの時間（2）』に、収めさせていただいたのだが、本人は本が出る前に若くしてこの世を去ってしまった。

取材の時にはまだ生まれていなかった環くんが、弁当男子になっていた。しかも、『おべんとうの時間』の愛読者だという。それは

もう、環くんに取材をお願いしなくちゃ。親子2代にわたっての取材となった。

『翼の王国』に掲載された月、環くんは、羽田から熊本へ飛び、また熊本から羽田まで戻るという本人希望の飛行機一日旅をしたそうだ。私はその後、何となく環くんの写真を眺めていて、〝あっ〟と思った。お父さんと同じポーズで、環くんが立っていた。

ひとつひとつの出会いに恵まれて、私達のお弁当取材がある。いつだって、奇跡的な出会いだと思っている。取材を始めた当初は、家族巡業スタイルで幼い娘を引き連れての旅だったが、学校生活優先で娘は留守番ということが増え、4冊目の今はほとんど旅を共にすることはなくなった。その娘がこの春から高校生になり、毎日弁当を持って通学している。ついに、とうとう、我が家も毎日弁当生活というものが始まった。朝、眠い。すでにレパートリーが尽きた。いやいや、日本全国にいる弁当派の皆さんとようやく同じ土俵に立てたのだから、楽しみながらやっていきたいと思う。

本書にご登場いただいた39名の皆さま、ならびにこれまでご協力くださいました１８０名近くの皆さま、本当にありがとうございました。本書は、全日空機内誌『翼の王国』で掲載させていただいた37名と未掲載の2名を収めさせていただきました。取材から時間が経過し、現在は職場を変わられた方もいらっしゃいますが、取材時の情報を掲載しております。

『翼の王国』編集部の皆さま、ならびに本書を編集してくださった早野隼さん、山本梓さん、いつも支えていただきありがとうございます。1冊目からデザインを担当してくださっている松平敏之さん、的確なアドバイスが心強く、感謝しています。凸版印刷のプリンティングディレクター・十文字義美さん、今回も素晴らしい仕事をありがとうございました。

おべんとうの旅は、まだまだ続きます。

みずかみ

EDWIN

阿部　了

Satoru Abe

'63年東京都生まれ。国立館山海上技術学校を卒業後、気象観測船「啓風丸」に機関員として4年乗船。その後、シベリア鉄道で欧州の旅に出て写真に目覚める。東京工芸大学で写真を学び、立木義浩氏の助手を経て、'95年よりフリーランスに。'00年より日本全国を回って手作りのお弁当と食べる人のポートレートを撮影。'10年の写真展「ニッポンチャチャチャ」では、全国のキヤノンギャラリーにて約120名のお弁当とポートレートをモノクロ写真で展示。'11年からはNHK「サラメシ」にてお弁当ハンターとしても出演中。著書に『おべんとうの人』、写真集『ひるけ』（木楽舎）など。'18年7月21日～10月8日・東京都美術館「BENTO　おべんとう展―食べる・集う・つながるデザイン」展に参加。

阿部直美

Naomi Abe

'70年群馬県生まれ。獨協大学外国語学部卒業。夫・阿部了とともにお弁当の旅に出るうちに文章を書くようになり、現在はフリーのライター。'07年から全日空機内誌『翼の王国』の「おべんとうの時間」連載。夫婦共著で『おべんとうの時間』1～3巻（木楽舎）、『手仕事のはなし』（河出書房新書）、芥川仁氏との共著で『里の時間』（岩波新書）など。2016年より夫婦で鎌倉女子大学主催「お弁当甲子園」の審査員も。

ごちそうさま。

おべんとうの時間（4）

発行日　□二〇一八年七月二五日　第一刷発行
写真　□阿部　了
文　□阿部直美
デザイン　□松平敏之
PD　□十文字義美（凸版印刷）
発行者　□小黒一三
発行所　□株式会社木楽舎
〒一〇四・〇〇四四
東京都中央区明石町一一・一五
ミキジ明石町ビル六階
http://www.kirakusha.com
宣伝協力　□全日本空輸株式会社
マーケティング室
マーケットコミュニケーション部
印刷・製本　□凸版印刷株式会社

ISBN978-4-86324-125-1

ANAグループ機内誌『翼の王国』に掲載された
「おべんとうの時間」の内容を、一部加筆、修正したものです。